Franck Veillon

Des jeux en réseau aux communautés virtuelles

W0007959

Franck Veillon

Des jeux en réseau aux communautés virtuelles

Éditions universitaires européennes

Impressum / Mentions légales

Bibliografische Information der Deutschen Nationalbibliothek: Die Deutsche Nationalbibliothek verzeichnet diese Publikation in der Deutschen Nationalbibliografie; detaillierte bibliografische Daten sind im Internet über http://dnb.d-nb.de abrufbar.
Alle in diesem Buch genannten Marken und Produktnamen unterliegen warenzeichen-, marken- oder patentrechtlichem Schutz bzw. sind Warenzeichen oder eingetragene Warenzeichen der jeweiligen Inhaber. Die Wiedergabe von Marken, Produktnamen, Gebrauchsnamen, Handelsnamen, Warenbezeichnungen u.s.w. in diesem Werk berechtigt auch ohne besondere Kennzeichnung nicht zu der Annahme, dass solche Namen im Sinne der Warenzeichen- und Markenschutzgesetzgebung als frei zu betrachten wären und daher von jedermann benutzt werden dürften.

Information bibliographique publiée par la Deutsche Nationalbibliothek: La Deutsche Nationalbibliothek inscrit cette publication à la Deutsche Nationalbibliografie; des données bibliographiques détaillées sont disponibles sur internet à l'adresse http://dnb.d-nb.de.
Toutes marques et noms de produits mentionnés dans ce livre demeurent sous la protection des marques, des marques déposées et des brevets, et sont des marques ou des marques déposées de leurs détenteurs respectifs. L'utilisation des marques, noms de produits, noms communs, noms commerciaux, descriptions de produits, etc, même sans qu'ils soient mentionnés de façon particulière dans ce livre ne signifie en aucune façon que ces noms peuvent être utilisés sans restriction à l'égard de la législation pour la protection des marques et des marques déposées et pourraient donc être utilisés par quiconque.

Coverbild / Photo de couverture: www.ingimage.com

Verlag / Editeur:
Éditions universitaires européennes
ist ein Imprint der / est une marque déposée de
OmniScriptum GmbH & Co. KG
Heinrich-Böcking-Str. 6-8, 66121 Saarbrücken, Deutschland / Allemagne
Email: info@editions-ue.com

Herstellung: siehe letzte Seite /
Impression: voir la dernière page
ISBN: 978-3-8381-8598-9

SOMMAIRE

AVANT-PROPOS

"Il y a des ouvrages qui commencent par A et
finissent par Z... On les appelle des jeux d'esprit."

LA BRUYERE (1645-1696)
Les Caractères, VI, 103

Le saut psychologique franchi par l'*homo faber* jusqu'à l'homme virtuel ne peut se réaliser sans un détour par l'*homo ludens*. La population d'internautes croît tous les mois de deux millions d'utilisateurs. Aujourd'hui 40 millions de personnes consultent des sites qui proposent des jeux. On estime que, même dans leurs versions les plus simples, les jeux sont désormais indispensables pour « capter de l'audience ». Dans quatre ans, 50 % des joueurs feront appel aux technologies *on line*.

Depuis l'avènement du réseau Internet, la face du jeu s'en est trouvé changée à jamais. Les avantages sont patents : des partenaires disponibles dans le monde entier, de jour comme de nuit, avec une profusion de jeux de tous les niveaux et pour tous les publics.

Des jeux en ligne aux jeux en réseau en passant par les portails communautaires des *webrings*, les communautés virtuelles tissent leur toile protéiforme et phylogène. Pourvoyeuses de sens, de cultures et de langages, elles ouvrent un champ du possible sur le concept des mondes persistants, grâce aux environnements multi-utilisateurs. Qualifiés de « jeux qui ne s'arrêtent jamais », ces univers constructivistes marquent une étape décisive du jeu vidéo. Ces mondes virtuels dépeignent une partie unique, jouable entièrement sur Internet et en 3DTR, sans fin ni limitation du nombre de joueurs, dans laquelle l'environnement évolue en temps réel, même ordinateur éteint.

Les joueurs ont-ils évolué dans leur comportement et sociologie par la communication réticulaire (effet de compensation), ou sublimeront-ils la technologie qui les réunit ? Naîtra-t-il un nouveau milieu de travail pour la communication et la pensée des communautés humaines, ou assisterons-nous à la supersposition de la sphère des loisirs et du travail ? L'intelligence collective est-elle la promesse d'une socialisation cognitive par le réseau ? Pour tenter de répondre à quelques-unes de ses innombrables questions, nous proposons d'étudier les substrats de ce nouveau rapport sociétal.

La première partie de ce document a pour but de présenter les caractéristiques sociologiques du jeu vidéo en prélude à sa mutation en réseau. Une deuxième partie présentera la notion de « communautique », qui désigne le liant électronique engendré par les réseaux communautaires en ligne, et le statut du joueur dans les technologies de l'information et de la communication. Pour finir, la dernière partie s'attardera sur les processus d'écriture en réseau qui sont à l'œuvre chez le « communaute » et le changement de paradigme qu'ils engendrent. Une conclusion ouverte s'interrogera sur les perspectives d'avenir des communautés virtuelles ludiques et leurs conséquences sur nos modes de vie.

PARTIE I

LES JEUX EN RESEAU : UN TRIBALISME CIVILISE

Des réseaux de jeux aux jeux en réseau, l'univers ludique change de physionomie et les expériences se multiplient à l'échelle de la planète, dévoilant un vaste chantier ouvert sur un futur qui se conjugue déjà largement au présent. On ne joue plus seul contre son ordinateur : on affronte d'autres joueurs connectés sur la Toile au même moment.

Les jeux en réseau dessinent une nébuleuse protéiforme, terre d'élection des joueurs du monde entier, imposant progressivement ses codes et ses usages. Le PIF (Paysage Internet Français) donne dans le MIL (Monde de l'Internet Ludique) où l'imaginaire de la planète segmentée des communautés virtuelles rejoint le pragmatisme des *consumption communities* transnationales, chères aux spécialistes de la mercatique.

Jouer en réseau et à plusieurs, acheter des jeux sur le Web, former des communautés de joueurs, telles sont les nouvelles sensations ludiques nées du couplage de la Matrice et du jeu vidéo.

Chapitre 1

DES RESEAUX DE JEUX A LA SOCIALITE VIRTUELLE

Du jeu en ligne aux jeux en réseau

Le phénomène des jeux pour adultes fonctionnant en réseau, jeux de groupe, en réalité virtuelle et communautés virtuelles, est en progression constante. Comme toujours, c'est par le jeu que les communautés virtuelles font leur entrée et ont leurs premiers succès.

Pour jouer, l'internaute a le choix entre deux formules : les jeux en ligne[1] ou les jeux en réseau. Dans le premier type de jeux, le joueur joue directement sur le site et généralement seul. La grande majorité des portails de jeux en ligne sont bâtis sur la même architecture : une zone réservée aux jeux à plusieurs, un espace pour le commerce électronique et un autre consacré aux contenus éditoriaux et aux outils communautaires (classement des meilleurs scores, *mail, chat, etc.*). Sites et portails se sont progressivement tous dotés de jeux en ligne jusqu'à se spécialiser parfois exclusivement dans un autre genre : le jeu en réseau. Ainsi, certains portails ont constitué de véritables communautés de joueurs donnant accès à des jeux payants ou gratuits, selon le succès du moment. Le joueur doit accéder à un portail de jeux appelé « plate-forme » (parfois *ring*). Devant la nature proliférante de l'Internet, les sites spécialisés se multiplient pour devenir des *mega*-portails qui sont autant de points d'entrée vers des *meta*-univers multi-participants. Pour jouer, chaque joueur

---

[1] Les premiers jeux en ligne furent les PBM (*Play by Mail*), jeux de rôles que l'on pratiquait par courrier électronique. Depuis l'apparition de l'*e-mail* en 1972, *Diplomacy* fut l'un des plus populaires ; puis les MUD, *Multi-User Dungeons*, mondes virtuels construits de mots, nés sur les campus universitaires en 1980 en Angleterre.

doit posséder un exemplaire physique du titre désiré (sauf dans le cas de jeux simples comme les dames ou les échecs où l'on peut jouer directement sur le site).

Univers graphiques multi-utilisateurs distribués sur grande échelle, ces environnements virtuels partagés massivement multijoueurs prennent le nom de « mondes persistants » lorsque la partie est unique, sans fin, jouable entièrement sur Internet et en 3D, sans limitation de durée ni du nombre de joueurs, et dans laquelle l'environnement évolue en temps réel, même ordinateur éteint. *Ultima Online, Everquest, Mankind* ou *Half-Life* comptent parmi ces jeux de type « mondes complets ». Des dizaines de milliers de joueurs peuplent ces « jeux qui ne s'arrêtent jamais » constituant des « communautés virtuelles », expression signifiant que certains font clan. Les joueurs ont accès en temps réel à un monde simulé dans lequel ils peuvent accomplir des quêtes, développer leur personnage, jouer avec des milliers d'autres joueurs, communiquer, partir à l'aventure, se marier, divorcer, fonder des religions, déclencher des guerres, protester contre elles, vivre des expériences d'autogestion. Version graphique 2D ou 3D, interactive et multimédia des communautés MUD (*Multi-User Dongeons & Dragons*), on les appelle aussi parfois RPG (*Role Playing Game*, jeux de rôles). C'est le cas d'*Ultima Online* et de *Quake*, l'ancêtre de *Wolfenstein 3D* et de *Doom*.

Dans les jeux vidéo, on se moque du réel : on est dans l'imaginaire de l'auteur, on voit par ses yeux et l'on reçoit son émotion. Le joueur est alors prisonnier de la structure narrative et programmée qui lui a donné corps, comme de l'attraction terrestre. *A contrario*, dans un jeu en réseau, il est affranchi de cette contrainte car il est comme en situation d'apesanteur. Dans les jeux en réseau ou les communautés virtuelles, le joueur est dans un rêve contrôlé par le truchement de son « avatar », son double virtuel. Ce dernier est une image, mais c'est déjà une matérialisation. L'avatar, et par extension, le joueur, évoluent sans dirigisme de la part du concepteur de l'univers, ni déterminisme dans l'action.

Les communautés virtuelles ne sont pas basées sur le voisinage physique ou la proximité géographique, mais sur les connivences intellectuelles, le rapprochement des passions. Chacun entouré de ses centaines d'amis représente une culture autonome. C'est ainsi que naîtront des milliers de petites cultures en réseaux sociaux au détriment peut-être des grandes vouées à la disparition ! Dans la Matrice, chacun peut nouer plus qu'une relation électronique : ceux qui participent à ces environnements collaboratifs tissent des liens affectifs ou professionnels. Ainsi, lorsque s'opère la rencontre en « mode réel », un sens communautaire plus aigu se crée-t-il conférant à l'usager le sentiment d'un véritable lien dans la communauté. Un espace cybernétique se définit davantage par les interactions entre les acteurs qui s'y trouvent que par la technologie qui lui donne sa réalité. En effet, l'originalité du système n'est pas liée à un type d'ordinateur, ni à l'interface des commandes que le joueur utilise pour interagir avec la machine, mais elle est fondée sur le jeu en réseau. Contrairement au livre ou à la revue qui visualisent leur « chemin de fer » de mise en page, il n'existe pas de « cartographie » possible, au sens traditionnel du terme, avec le multimédia informatique. C'est pourquoi le « plan » de ces cybermondes ouvre sur la troisième, voire la quatrième dimension. La métaphore de la ville y est utilisée comme schéma directeur. Tel est le cas des *Worldsaway* (ex-*Habitat*), *Palace*, *Alphaworld*, *Le Deuxième Monde*[2], *Cryopolis*, *Venise*, *Ultima Online*, *Everquest*, *Half-Life* et bien d'autres.

Habituellement, chaque participant habite une ville virtuelle, y possède un logement, et moyennant la possession d'une clé personnelle, peut inviter des amis, organiser débats et fêtes ou leur faire visiter les pièces du logement. Si l'habitant regarde par la fenêtre, il aperçoit la cité virtuelle s'étendre au loin avec sa pléthore d'immeubles et de parcs publics. Dans les magasins, il peut acheter tout ce dont il a besoin : éléments de décoration pour l'appartement, vêtements, objets utilitaires, livres ou médias

---

[2] Cas unique de présentation d'un monde existant. Seul un projet de l'Armée américaine a tenté de reproduire la planète entière à partir des images de Landsat. Baptisé *Simnet*, cet ambitieux où les territoires étaient simulés en temps réel à l'échelle de 1 pixel pour 20 mètres, a débuté en 1994 pour une durée de 10 ans. Le projet a été arrêté faute de crédits.

numériques (séquences de films vidéo, par exemple). Si l'économie est virtuelle, le commerce peut être aussi bien réel : le joueur peut fabriquer ses propres objets, les échanger avec d'autres avatars ou contre des marchandises numériques bien réelles (logiciels, objet virtuel, meuble, textes, poèmes, *etc.*). Il participe à des activités collectives : gestion municipale, élections, *etc.* La communauté virtuelle est typiquement le paradigme ludique d'une cité tridimensionnelle comportant des appartements, des magasins et parcs publics, des centres de loisirs. L'univers est habité par un nombre illimité de participants qui se déplacent en toute liberté et croisent d'autres clones virtuels. Chacun d'eux peut exprimer des sentiments rendus par des expressions faciales prédéfinies, mais il peut aussi changer d'apparence physique (tenue vestimentaire, corpulence, sexe, *etc.*) selon son bon vouloir. Dotée d'un environnement sonore et musical, la cité va devenir le support d'échanges vocaux en temps réel.

Rencontrer d'autres habitants virtuels, suivre les événements et expositions qui s'y déroulent en se faisant représenter par son avatar est un vieux rêve de la science-fiction (SF) qui se réalise. *Venise*, par exemple, est le prototype de ces communautés culturelles à forte composante historique. Reconstitué en 3D temps réel (3DTR) grâce à la technologie SCOL (*Standard Cryo Online Language*), développée en interne par l'éditeur français Cryo, *Venise* reproduit la société locale de la Renaissance au pied du palais des Doges : un monde de marchands et d'intrigues à plusieurs niveaux, une lutte subtile et sans pitié de pouvoir et d'argent. Ici, nul besoin de fulguropoint ou de laser pour devenir maître de la cité lacustre, il faut employer la ruse, l'enrichissement personnel, voire la corruption pour régner. Economie, politique, tous les enjeux qui font tourner la ville sont au rendez-vous, les joueurs gérant collectivement la vie de la communauté. Car le premier intérêt de ces jeux, c'est qu'ils vivent et évoluent grâce aux joueurs. C'est en fonction d'eux que les concepteurs du jeu le font évoluer. L'action se situe au 1er février 1499 à Venise, reconstituée quasiment à l'identique de celle du XVIe siècle. Le joueur incarne un Vénitien déchu, en possession d'un petit pécule qu'il va utiliser pour se venger de ceux qui ont ruiné sa famille. Et pour cela, quoi de mieux que de devenir doge. Un avatar en 3D incarne le joueur dans ce cybermonde. L'avatar agit en temps réel, selon les volontés du joueur, au gré des spéculations et des expéditions dans toute la Méditerranée. Selon les heures, il croise d'autres avatars avec lesquels il peut discuter grâce à la fenêtre de *chat* au bas de l'écran. L'avatar rencontré devient tour à tour ami ou ennemi, concurrent ou allié, source d'information ou de trahison. Mais ici, pas de risque de se faire poignarder dans une ruelle sombre : « A Venise, on ne meurt que si on est ruiné », explique une joueuse. Etre déconnecté ne signifie pas pour autant que le jeu s'arrête. Chaque heure écoulée depuis le lancement du jeu équivaut à deux jours qui passent. Pendant ce temps, les autres en profitent pour s'enrichir.

Quant à *Cryopolis*, ils sont environ 1.500 fidèles à s'y retrouver chaque soir. Les nouveaux venus débarquent sur le petit quai en bois d'un vieux port avant de rejoindre la vaste agora de la cité numérique où ils retrouvent d'autres internautes. La soirée s'écoule en discussions sur le devenir du monde, à regarder un vieux film projeté sur l'écran géant de l'agora où à résoudre l'énigme du dernier jeu interactif en ligne. En moins de deux ans d'existence et sans publicité, le portail de jeux de l'éditeur français Cryo s'est taillé une solide réputation parmi les connaisseurs. Une dizaine d'animateurs veillent à faire régner une bonne ambiance dans la cité. Des Français aux Canadiens en passant par les Suisses, la population de *Cryopolis* est cosmopolite, active et fidèle. Olivier Fay, chef de produit chez Cryo Interactive, déclare avoir la même clientèle que Tintin, de 7 à 77 ans. Mais dans *Cryopolis*, chaque client est identifié par une sorte de badge virtuel qui est une description du citoyen internaute (nom, âge, profession, *etc.*). A tout moment, comme dans les pauses café, chacun peut entamer une conversation avec quelqu'un qu'il ne connaît pas, simplement en fonction du nom et des indications portées sur son badge. Dans la plupart des environnements multi-utilisateurs, les personnages portent des pseudonymes et il n'est guère possible de faire le rapprochement avec un nom du monde physique. Sur *Cryopolis* comme dans *Le Deuxième Monde* de Canal Numédia (ex-Canal Plus Multimédia), chaque personnage peut porter soit un pseudonyme, soit son vrai nom.

Des mondes virtuels ancrés dans le réel

L'atout de ces jeux communautaires, c'est que l'action ne s'arrête pas quand le joueur éteint son modem. Car, comme dans le monde réel, le pouvoir et les décisions n'attendent pas votre avis pour se prendre. C'est vraisemblablement cet « effet Tamagotchi » qui incite les joueurs à venir et, surtout, revenir. L'ancrage dans le réel de ces jeux communautaires explique en partie la raison de leur développement.

Mankind n'est pas un simple jeu de stratégie : c'est une véritable communauté qui rassemble 80.000 membres. Le but est de conquérir et de gérer des planètes. Dans cet opéra galactique, tous les joueurs (qu'ils soient agressifs ou pacifiques) y trouvent leur compte. « Si un gars ne veut pas faire la guerre, il peut faire du transport pour l'Empire et embaucher un mercenaire pour le défendre » argumente son concepteur, Frank de Luca chez Vibes. Car telle est l'originalité de ce jeu en réseau : tandis que les belliqueux préféreront naviguer entre Orion et Cassiopée à la tête de flottes surarmées pour tirer sur tout ce qui bouge, les autres choisiront de vendre des matières premières, des armes ou de vaisseaux. Certains « testeurs » ont déjà créé des gazettes de l'espace racontant le jeu sur le Web. D'autres s'imaginent en garagistes galactiques réparant les vaisseaux en panne. Une seule certitude cependant : survivre dans *Mankind* impose des alliances. « C'est un jeu qui oblige à la coopération. Car la partie sera persistante, sans pause, du non-stop total sur l'ensemble de l'univers » s'enthousiasme Jean-Marie, un testeur de 30 ans.

Des centaines de « ligues » de joueurs s'organisent, avec pignon sur Web, pour recruter les joueurs isolés. Ainsi, les 150 membres de la ligue Respublica, dont Jean-Marie est le ministre de la Défense, comptent « faire progresser les idéaux démocratiques et républicains » partout dans le jeu. Des élections ont déjà eu lieu et des alliances avec d'autres ligues sont déjà signées. Les citoyens s'échangent des *e-mails* et peaufinent leur stratégie.

On savait que les jeux sont l'objet d'interactions fréquentes chez les enfants et les adolescents[3] ; on découvre qu'il en va de même chez les joueurs adultes : discussions sur le lieu de travail, ou en cours de récréation selon le cas, échanges de magazines et de solutions, visites chez les uns et les autres pour apprendre et jouer à plusieurs. On apprend aussi que les échanges d'information sur les jeux en réseau touchent principalement les groupes masculins, et au sein d'une famille, le père et le fils. En France, cette socialisation « horizontale » est moins étudiée. Au Québec[4] et au Danemark, en revanche, des recherches empiriques montrent que les réseaux d'amis jouent un rôle clé dans l'émergence et la stabilisation des pratiques : les adolescents échangent des adresses de sites Web, organisent des rencontres chez un membre du groupe pour faire du *chat*, ou créent des mini-réseaux en reliant leurs pages personnelles par hyperliens.

Un étudiant en informatique témoigne que c'est par le jeu qu'il est venu à l'informatique. « Je joue depuis que j'ai 8 ans, mais mon premier jeu en réseau, c'était il y a quatre ans, sur mon premier PC. Quand *Quake 2* est sorti, j'y jouais avec des amis. On se croyait bons jusqu'au jour où un joueur est venu nous montrer comment bien jouer. Il était plus rapide et plus à l'aise » commente-t-il en ajoutant : « J'ai alors compris que pour bien jouer, il faut jouer longtemps, et être maître de soi. D'ailleurs, les meilleurs joueurs sont souvent les plus calmes. La stratégie, ça se travaille. Savoir où et quand tirer, garder présent à l'esprit le lieu où se trouve chacun des joueurs pour ne pas être surpris. Le seul moyen de progresser, c'est de se mesurer aux meilleurs des joueurs ». Il confie que les meilleurs Européens se trouvent et se rencontrent dans les IRC (*Internet Relay Chat*, bavardage en direct), et non sur les

---

[3] « Les usages de loisirs de l'informatique », développement culturel, n° 130, octobre 1999.
[4] F. MILLERAND, J. PIEFLE, C.-M. PONS, L. GIROUX, « Les usages d'Internet chez les adolescents québécois », Colloque ICUST, 1999, 429. Kristen DROTNER, « Internautes et joueurs. La nouvelle culture des loisirs chez les jeunes Danois ».

plates-formes de jeux plutôt réservées aux débutants. « En jouant sur le Net, on voit des styles de jeux variés. Les Américains ont un style plus défensif, moins spectaculaire mais parfois moins risqué que les Européens ! ». A la question de savoir s'il a envie de passer professionnel, il répond que non : « J'y passe bien assez de temps comme ça. Je sors moins, je fais moins de sport. Je m'en veux un peu, mais je ne crois pas que jouer en ligne nous isole. En fait, il y a peu de joueurs qui restent dans leur coin, on trouve toujours une occasion de se rencontrer ».

Le jeu vidéo, vecteur d'innovation et d'acculturation

Ces univers sont une source inépuisable pour l'expérimentation des détails pratiques concernant les implications réelles d'un espace cybernétique sérieux et commercialement viable. Les jeux qui permettent aux silhouettes de plusieurs joueurs d'évoluer sur un même écran est un procédé qui fait l'objet de développements pour les téléconférences virtuelles. Il s'agit alors de jeux par destination, explicitement construits à cette fin. La *télévirtualité* des jeux en réseau permet de réunir des clones à distance dans un espace virtuel commun. Elle est née de l'hybridation des télécommunications et des images de synthèse, tandis que la *téléprésence* procure un moyen d'action à distance. La représentation du joueur par des êtres de synthèse différencie la télévirtualité de la téléconférence. Cette dernière, qui emprunte ses techniques à la télévision, n'échange que les images vidéo et les voix des participants.

La télévirtualité permet, au contraire, un travail coopératif sur des objets virtuels par clones interposés. Ces réseaux permettent la relation entre partenaires ainsi que l'accès à de réelles bases de données hypermédia à travers des plates-formes et des serveurs spécialisés. La dynamique des comportements objectivée par le réseau Internet confirme que l'attraction pour les jeux constitue un mouvement culturel en profondeur. Ces possibilités ouvrent de vastes perspectives aux usages éducatifs du jeu en réseau.

Après l'ère des médias d'impression comme les journaux ou la télévision, nous entrons dans celle des médias d'expression avec l'Internet et les jeux vidéo : on est passé de la civilisation de l'écrit à la civilisation de la transaction grâce aux télécommunications. Ce n'est pas l'offre technologique qui modifie les hommes, les mentalités et les structures sociales, mais le nouvel espace-temps. Son avènement change les conditions d'évolution des sociétés humaines. A défaut de changer *le* monde, le réseau permet de changer *de* monde.

Véritables laboratoires identitaires, les applications ludiques se révèlent une excellente thématique sur l'étude comportementale du communaute. Elles constituent le champ d'étude parfait de l'impact des communautés virtuelles sur le fonctionnement de notre intellect, sur notre sensibilité – l'impact de premier niveau –. Il suffit d'analyser leur influence sur nos relations avec les autres et sur notre comportement dans le monde réel – l'impact de second niveau – pour aboutir à des questions fondamentales quant à notre manière de vivre ensemble à l'ère des techniques modernes de communication. Le fait que des gens passent autant de temps à jouer en réseau, au point de négliger certains aspects de leur vie, prouve le caractère pour le moins singulier du phénomène.

Le psychopédagogue suisse Jean Piaget avait montré que les enfants apprennent le monde en l'explorant et en jouant avec lui et que le jeu est donc une forme d'apprentissage très efficace. Il ajoutait que si l'on pouvait élaborer des environnements pédagogiques de découverte respectant ses conclusions, on améliorerait largement l'efficacité des outils d'enseignement traditionnels.

Autrement dit, nous apprenons mieux et plus vite si la matière à apprendre est présentée sous forme de monde à explorer plutôt que sous forme de cursus à assimiler sans poser de question. Une théorie partagée par Jacques Perriault, professeur en sciences de l'information et de la communication à l'université de Paris 10 et auteur de plusieurs études sur les processus cognitifs à l'oeuvre chez les joueurs. Il déplore le défaut de prise en compte, à l'école, des formes ludiques d'apprentissage. L'enseignement pourrait être l'objectif et le ciment d'une communauté en réseau (communautique).

Chapitre 2

UNE SOCIOLOGIE DU JOUEUR

A nouveaux procédés, nouveaux réflexes, nouveaux utilisateurs

Alors que les adultes sont inhibés, les *kids* n'ont pas peur de se tromper. Notre culture venant du livre, nous sommes des linéaires textuels. Les *cyberkids*, en revanche, sont nés avec les télécommandes de PC, de TV, de jeux vidéo et sont des globaux, des hypertextuels qui se promènent dans des arborescences. C'est donc tout naturellement qu'ils se sont imprégné de cette culture de l'interactivité. Quels seront les nouveaux réflexes de ceux qui n'ont joué au gendarme et au voleur que sur des écrans bleutés, avec le Tamagotchi, le Furby et bientôt le Tomy pour animal de compagnie ? Une nouvelle culture émerge, qui va transformer notre façon de penser. « Nous façonnons des outils qui, à leur tour, façonnent nos esprits », écrivait Mac Luhan en 1964 à propos de la télévision[5]. Les jeux vidéo ont instauré de nouveaux voisinages et de nouvelles amitiés : pour exceller, il faut se faire aider, s'échanger des informations ou des magazines spécialisés – se créer un réseau de relations. Internet ne serait pas davantage le symptôme d'un monde malade de solitude : « Au contraire, le Web rapproche les individus » – défend la psychanalyste américaine Sherry Turkle[6], professeur au prestigieux MIT. « Les premiers internautes étaient peut-être des individus timides ou complexés. Mais aujourd'hui, grâce au Net, on n'a jamais noué autant de contacts ». Si bien que dans dix ou quinze ans, lorsque ces enfants débarqueront dans l'entreprise, ils trouveront normal de partager l'information avec leurs collègues et d'envoyer des *emails* incendiaires à leur chef de service.

---

[5] McLUHAN M., *Understanding Media: The Extensions of Man*, New York, McGraw-Hill, 1964. Traduction française par PARE J : McLUHAN M., *Pour comprendre les médias*, Paris, Mame/Seuil, 1968.
[6] S. TURKLE, in *MIT, Technology Review*, février-mars 1996.

On ne peut réfuter au jeu vidéo en général, et au jeu en réseau en particulier, son rôle culturel, ni sous-estimer le ludisme comme activité humaine essentielle. Certes, comme au cinéma ou à la TV, il y a du bon et du mauvais dans les jeux vidéo. Le profil du joueur est différent selon qu'il joue sur *Quake* ou sur *Venise*. Dans le premier cas, nous sommes en présence d'un jeu de massacre. L'action se réduit à des bagarres « défoulatoires » où le joueur tue tout ce qui bouge (*shoot them up*). On extermine et on a gagné. C'est gratifiant mais pas très positif. Dans le second cas, c'est plus cérébral, plus constructif. On va créer des lois, faire croître une vraie communauté. Ce genre d'expérience peut développer un vrai sens de la « citoyenneté ». Les célèbres jeux *Myst* et *Tomb Raide*r sont l'archétype du jeu où l'on doit progresser et procéder par induction, cette capacité de noter la co-occurrence de deux événements. Au début du jeu, dans *Tomb Raider*, le joueur arrive dans une salle basse. Il aperçoit une herse et un levier. Il se demande s'il n'y a pas un rapport entre les deux éléments. Il manoeuvre le levier et il s'aperçoit que cela permet l'élévation de la herse, ouvrant sur un nouveau passage. Le principe n'était expliqué nulle part, contrairement à l'apprentissage scolaire où les règles sont données dès le départ et où il faut les appliquer. Dans le jeu, il faut les trouver soi-même. De la sorte, le joueur améliore ses performances en vérifiant différentes hypothèses, dont certaines se révèlent justes et d'autres non. Ces pratiques sensibilisent donc les jeunes à une démarche scientifique très proche de ce principe essai-erreur[7].

« Dans un monde où l'incertitude se généralise, la capacité d'induction est une capacité de survie. Les jeux de stratégie sont souvent très difficiles à manager » dit Jacques Perriault. Dans *Sim City*, il s'agit de se mettre dans la peau du maire d'une grande ville pour la gérer sous tous aspects en intégrant tous les facteurs événementiels d'augmentation de la population, les risques de survenue d'incendie, les accidents, les braquages de banque, les ressources énergétiques, *etc.* Ces jeux font

---

[7] P.M. GREENFIELD, « Videogames as tools for cognitive socialization, Preprint », *Proceedings « Computers, Cognition and epistemology »*, *An International Symposium*, Sandbjerg Slot, 1987.

appel aux capacités d'anticipation et de management pour la juste prise des décisions. L'induction et le traitement parallèle en sont des vecteurs forts. Ces joueurs, dont la religion proclamée est « Internet pratiquant », acquièrent sans s'en rendre compte des connaissances et principes fondamentaux, transférables par la suite au monde réel.

De « l'autisme électronique » : l'*homo ludens vs* l'*homo reticulus*

Les experts reconnaissent que ce risque existe, mais uniquement chez les adultes, et encore, seulement chez les plus fragiles. C'est l'épouvante ordinaire suscitée par chaque tournant culturel.

Or, parmi les *hardcore gamers* (joueurs purs et durs), « on ne compte en France pas plus de quelques centaines de ludopathes et quelques milliers aux Etats-Unis, estime Dan Véléa, le spécialiste français de la cyberdépendance[8]. Les drogués du virtuel passent dix heures par jour à jouer ou à surfer et perdent peu à peu contact avec la vie réelle, leur famille et leur travail ».

Pour les autres utilisateurs intensifs, l'ordinateur et, surtout, les jeux sont essentiellement un défouloir. On a pu prouver que les sujets qui ont des pulsions violentes peuvent être calmés par quelques heures de jeu; ils y déversent leur stress et retrouvent la sérénité. « Les plus branchés ne s'interrogent plus sur la véracité du cybermonde, dénonce Sherry Turkle[9]. Ils prennent tout ce qui s'y passe pour acquis. Ils n'ouvrent jamais le capot pour voir ce qu'il y a dedans. La culture classique, elle, avait l'avantage de vous donner des instruments analytiques pour vous aider à comprendre le pourquoi et le comment ». Mais le monde virtuel est tellement plus confortable ! On peut y changer impunément de personnalité (un homme prétendra être une femme, un adulte, qu'il a 15 ans...) ou s'identifier à ses héros favoris, même les plus violents, le temps d'un jeu. On y est si bien que certains se demandent si les adultes du XXIe siècle auront encore besoin de contacts physiques. Qu'ils se

---

[8] Cyber-addiction, Fédération Française de Psychiatrie. psydoc-fr.broca.inserm.fr.

rassurent : les contacts virtuels laissent insatisfaits, à en croire Robert Kraut, professeur à l'université Carnegie Mellon[10], qui a diagnostiqué, sur un échantillon de 169 internautes forcenés, une légère tendance à la déprime. « Les relations entretenues *via* Internet, sans face-à-face réel, ne fournissent pas le soutien et la chaleur nécessaires au bien-être et à la stabilité », conclut Robert Kraut.

Pour le sociologue André Lemos[11], « ces jeunes vivent leurs passions en solitaires. Ils sont très timides et souffrent de gros problèmes relationnels assez jeunes. Ils sont solitaires, mais ils forment aussi une communauté, dans le sens du partage d'émotions communes ». Le sociologue relativise cependant le danger de ces pratiques : « Internet et ses communautés virtuelles sont un reflet de la vie quotidienne, donc ils ne sont ni plus ni moins dangereux que celle-ci ». L'engouement en est la plus vibrante illustration, car « le jeu a toujours favorisé l'engouement (Bill GATES).

Hauts débits et réalisme aidant, c'est en ligne que se trouve l'avenir du jeu. Cette interactivité décuplée promet surtout des jeux d'un genre nouveau, autour de vraies communautés, qui n'existeront que sur le Net. Au même titre que la TV et le magnétoscope, présents dans 9 foyers sur 10, la console de jeu vidéo fait déjà partie de notre environnement ludo-culturel.

Ces chiffres suffisent à prouver que le secteur ludo-éducatif n'est pas un épiphénomène mais un marché de masse. Ceci démontre, au-delà de l'aspect quantitatif, la réelle dimension affective engendrée par le ludisme informatique. La déclinaison de tous les produits dérivés témoigne de l'appropriation provoquée par cet engouement. Plus de 5 millions de personnes jouent régulièrement en réseau, dont plusieurs centaines de milliers en France. Selon le sondage YIL réalisé par l'Ifop et

---

[9] S. TURKLE, *ibid.*
[10] R. KRAUT, Carnegie Mellon University, « Internet Paradox. A Social Technology That Reduces Social Involvement and Psychological Well-Being? », *American Psychologist*, September 1998, Vol. 53, No. 9.
[11] A. LEMOS, La cyber-socialité. *Société,* no 51, pp. 29-38, 1996.

Europe 2 en mars 2000, 11 % des Français se connectant régulièrement à Internet déclarent jouer en réseau. Le raz de marée n'a pas encore atteint nos côtes, mais ce n'est qu'une question de temps. Passée de 5,5 à 14 millions depuis 1997, la population américaine des joueurs en ligne atteindrait 40 millions en 2004, selon Forrester Research. L'autre signe de la révolution annoncée sous l'orbe de la communication réticulaire, c'est que les consoles de jeux se connectent à l'Internet, puis les téléphones portables. Encore faible en 2000, le nombre des jeux en ligne dans le monde devrait être multiplié par plus de huit d'ici à 2004, selon le cabinet Jupiter Appliance Model.

Un marché prometteur

Nombre de foyers équipés dans le monde

Demain, la généralisation des réseaux à haut débit va tout changer, avec un glissement du savoir-faire du cédérom et du DVD vers le réseau, ce que réaliseront les futures consoles de jeux vidéo : lecture de CD, CDR, DVD, téléchargement de musique MP3 ou de son successeur gratuit Ogg Vorbis, accès au Web. Bref, tous les divertissements possibles réunis en une boîte et en un lieu, une concrétisation du rêve industriel : le terminal domestique unique. Un « *home entertainment* » intégré dans une console. La maison aura alors trouvé son centre névralgique par la voie la plus détournée : celle du jeu vidéo. On pourrait remplacer le terme « console de jeux » (*famitsu*), trop réducteur et bientôt aussi obsolète que le « mange-disque », au profit du terme « ordinateur de loisir », plus proche des possibilités offertes par ce futur terminal multifonctions. Au Japon, le téléphone multimédia de 4e génération (4G) lancé en 2004 par l'opérateur NTT DoCoMo est devenu la nouvelle console de jeux libérant Internet du PC. Car derrière le Web, il y a l'Internet sur le téléphone mobile et sur la télévision interactive.

Les entreprises japonaises ont l'habitude de se servir de leur marché national comme d'un marché test : seuls les produits qui marchent bien au Japon peuvent ensuite être exportés. De cette façon sont apparus les *emoticons* ou *smileys*, ces signes typographiques destinés à traduire l'humeur et l'humour, aujourd'hui répandus sur le Net. Il faut savoir que le contexte non verbal est particulièrement important au Japon, où la posture, les gestes et le ton de la voix véhiculent des nuances très protocolaires. Les accents sont très importants. Cette composante invisible, ineffable de la communication japonaise, s'appelle le *kansei* – qui est un sens intuitif et esthétique de la justesse d'éléments contextuels dans une conversation. Au Japon, la communication est traditionnellement de nature plus visuelle qu'ailleurs, ce qui peut expliquer pourquoi la nature uniquement textuelle du Réseau ne convient pas à une majorité de Japonais.

L'opérateur nippon prépare déjà pour 2020 la 5G à la vitesse de 100 Mbps pour la diffusion d'images 3D à des fins ludiques ou professionnelles avec visioconférence de qualité. Présageons la diffusion d'hologrammes à hautes capacités sensorielles pour la 6G...

Jouer est encore très mâle

S'ils représentent encore une minorité bruyante, les fans des très sanglants *Quake, Unreal* ou *Half-Life* ne sont plus seuls. Sur le Net, il y a autant de profils de joueurs que de types de jeux. Si les fans de *Quake* sont d'ordinaire des garçons ayant entre 15 et 25 ans, les jeux de cartes ou de plateau attirent des joueurs plus âgés, de 50 ans et plus, avec, là, une vraie parité homme-femme. Les femmes semblent même, pour les jeux de société ou de réflexion, près de l'emporter en nombre sur les hommes. Aux Etats-Unis, six joueurs sur dix sont des femmes ! Il semble qu'une importante majorité de garçons de 7 à 17 ans joue de manière très régulière, voire compulsive, sur console ou sur ordinateur, et qu'une bonne partie d'entre eux continue jusqu'à 25 ou 30 ans, voire plus tard. C'est ce qui ressort d'une enquête européenne sur « les jeunes de 6 à 17 ans et l'écran » menée, pour la partie française, par les chercheuses Dominique Pasquier et Josiane Jouët[12]. Leurs travaux ont porté sur « les sphères médiatiques et la construction du genre », le genre désignant le sexe comme construction sociale. Car si « les technologies de la communication n'ont pas de sexe et qu'il n'existe pas de déterminisme technique assignant des usages aux filles et aux garçons, pour autant, elles ne sont pas neutres », affirment les chercheuses. Les deux sexes utilisent tous les outils, mais ce sont le temps, l'intensité et les préférences qui sont très différents.

Premier constat, alors que la télévision jouait un rôle fédérateur entre les sexes, « l'usage des écrans digitaux accuse des écarts importants entre filles et garçons ». Tout d'abord, les filles sont moins équipées (47 % ont une console de jeu contre 66 % des garçons), elles pratiquent moins (18 % jouent tous les jours contre 34 % de garçons) et surtout moins longtemps (11 % jouent plus de deux heures d'affilée contre 30 % de garçons). L'enquête française confirme l'ancrage des jeux vidéo comme « un phénomène culturel à part entière » et le fait qu'« autour d'eux s'est constituée toute une sociabilité masculine ». Très peu de relations intergénérationnelles, mais un réseau horizontal, avec l'entrée dans les foyers des amis des enfants. Dominique Pasquier explique que « pour être un bon joueur, il faut se faire aider. On a peu de chances de finir un jeu si on n'est pas intégré dans un réseau. Il y a un "jouer avec" très différent de ce qui se passe avec la télé ». Le manque d'intérêt des filles aux jeux vidéo serait dû à « la prédominance de thèmes stéréotypiquement masculins (combats, violence) », mais l'investissement relatif des filles s'explique aussi par « la mise à distance dans le dialogue avec la machine ».

---

[12] J. JOUËT et D. PASQUIER, « Les jeunes et la culture de l'écran. Enquête nationale auprès de 6-17 ans », *Réseaux*, volume 17, n° 92-93, 1999, Hermès Science Publications.

Au contraire des garçons qui montrent un « investissement massif et quasi libidinal dans le dialogue avec la machine comme source de projection de l'*ego* », les filles n'éprouvent aucune attirance particulière envers la dimension technique des jeux. Elles privilégient l'atome social, les rapports humains et non l'interaction avec la machine. Paradoxalement et malgré sa technicité, « l'ordinateur se prête mieux que la console à une appropriation par les filles » par son côté utilitaire : 71 % des utilisatrices s'en servent pour écrire, 50 % pour dessiner et elles sont de plus en plus nombreuses à se connecter à l'Internet. Enfin, il apparaît très clairement que « la sphère médiatique des filles s'articule autour du "lien" (téléphone et télévision) et de l'émotionnel (musique et lecture), tandis que la sphère masculine est centrée sur la console et l'ordinateur ». Dans son fondement, ce lien social constitue l'essence même de la relation intracommunautaire au sein du monde virtuel multi-joueurs. La chasse au « netoyen » (*netizen*) est donc ouverte.

Chez Cryo, on est fier d'attirer 35 % de femmes sur des jeux comme *Atlantis* ou *Venise*, tandis que celles-ci représentent moins de 5 % des clients chez Ubi Soft, et les filles, moins de 10 % des joueurs enfants. Les éditeurs de jeux multiplient donc les initiatives pour tenter de séduire les femmes. Chez Havas Europe, on a décidé de lancer l'offensive avec une ligne de jeux entièrement dédiée aux femmes. Le produit vedette de la collection est *Cooking Masterwork*, un logiciel de recettes de cuisine acheté par 30 % de femmes. La recette miracle s'appelle le *Casual Gaming* , une spécialité américaine regroupant jeux de société, jeux de cartes, backgammon, bridge et même le flipper, le tout se jouant en ligne.

« Jusqu'à il y a deux ou trois ans, une famille de jeu vidéo prédominait le marché : le genre très actif et violent. C'était un jeu qui demandait à l'enfant d'explorer l'espace, le *wild west* », se souvient Justine Cassell[13], professeur au MIT. « Les femmes participant peu au développement des jeux vidéo, ceux-ci ne sont pas influencés par

---

[13] J. CASSELL, *From Barbie to Mortal Kombat*, et H. JENKINS, *Le genre et les jeux vidéo,* (MIT Press, 1999).

leur personnalité, explique Henry Jenkins[14], professeur de sciences humaines au MIT. Les livres pour enfants ont d'abord été écrits par des femmes. Et la majorité des lecteurs de livres pour enfants étaient des filles. Puis on a réalisé qu'il y avait un problème : les filles lisaient mieux que les garçons. Donc, au début du XIXe siècle, des hommes ont commencé à écrire des livres pour les garçons. Mais pour les jeux vidéo, c'est plus difficile : en quinze ans, très peu de jeux ont été conçus par des femmes ». Seule la Gameboy a trouve grâce auprès des filles. En 1995, trois ans après la sortie des premières consoles, un sondage IPSOS révélait que les filles étaient plus grandes consommatrices de la petite console que les garçons. Au Japon, elles devancent encore les garçons dans l'emploi du i-Mode, le téléphone portable qui leur sert de console de jeu pour accéder aux services de rencontres sur le réseau Docomo. La Gameboy exceptée, le première vraie réussite commerciale est la Barbie Interactive.

En réaction, sont apparues les Game Girls, un groupuscule de filles qui jouent à des jeux de combat et prennent plaisir à battre les garçons aux jeux de massacre en réseau. Les Game Girls sont des joueuses militantes, spécialistes des « *Doom-like* » tels *Quake, Half Life*. Elles méprisent les jeux pour filles et veulent « créer un monde où elles sont des femmes de pouvoir qui savent se défendre. L'idéal serait une Barbie qui bastonne. Lara Croft a été créée pour être un modèle de battante pour les filles, et une figure érotique pour les garçons. Elle sait ménager soigneusement ces deux désirs ».

Quel espoir reste-t-il pour les filles ? Leur salut tient en un mot : Internet. Aux Etats-Unis, on dit même qu'Internet est la « *killer-app for girls* », c'est-à-dire l'activité technologique par excellence pour filles. Développer des jeux vidéo plus « féminins » serait donc intéressant pour tout le monde : « Au Japon, ça a toujours été comme ça. Mais aux Etats-Unis et en France aussi, de plus en plus, c'est les filles qui déterminent la mode. Donc, en créant des technologies pour filles, on voit un moyen

---

[14] *ibid.*

de créer une technologie qui va se trouver dans une société plus ouverte » dit Justine Cassell. « Les filles ne représentent que 20 % des consommateurs de jeux vidéo. Que faut-il faire pour les amener à jouer ? ». Telle la question centrale posée dans le livre de Justine Cassell et Henry Jenkins[15].

Curieusement, des industriels aux féministes se dégage une belle unanimité : il faut faire des jeux spécifiques pour les filles. La féministe Cornelia Brunner affirme par exemple que ces jeux « devraient leur permettre d'affirmer leur féminité et de déployer leurs ailes, de manière amusante et non douloureuse ». On peut voir les choses autrement et constater qu'à de très rares exceptions près (*Myst, Quake, Zelda, LBA, Starcraft, Sim City*), sur les quelque 5.000 titres du marché, les bons jeux se comptent sur les doigts d'une main. Sans doute parce que le problème est simplement de créer de bons jeux, objectent certaines voix. C'est-à-dire des jeux destinés à tous les êtres humains qui ne sont pas des garçons de 13 ans. Comme nous le voyons, les enjeux sont à la mesure des ambitions.

---

[15] *ibid.*

PARTIE II

LES COMMUNAUTES VIRTUELLES EN JEU : ENJEUX

Chapitre 1

MONDES VIRTUELS OU MONDES PARALLELES ?

Qu'est-ce qu'une « communauté virtuelle » ? Vers quel(s) monde(s) nous conduisent-elles ? S'agit-il de mondes froids et technicistes ? Seront-ils l'occasion d'un nouveau partage dans les relations humaines, ou le vecteur antinomique d'incommunicabilités ? Le virtuel va-t-il changer notre rapport aux choses, à la société, à la politique ? Vaste chantier ouvert sur un futur qui se conjugue déjà largement au présent, les communautés virtuelles préfigurent la cité de demain, ubiquitaire et globale, nous dit-on, un espace stratégique de savoirs, d'apprentissage, de pouvoir et d'action. La question est de savoir si nous profiterons de l'opportunité pour construire un monde plus juste, ou juste un monde de plus.

Typologie des jeux en réseau

Qu'il s'agisse de simulateurs économiques, de vie artificielle ou de gigantesques jeux de rôles grandeur nature en temps réel, le phénomène des jeux pour adultes fonctionnant en réseau, jeux de groupe, jeux en réalité virtuelle ou lieux de communautés virtuelles, est en constante progression. On distingue trois types de jeux : les jeux collectifs qui nécessitent le partage d'un réseau, ensuite les jeux de type MUD qui créent un espace virtuel où naissent, vivent et meurent de véritables communautés culturelles, et enfin les jeux VRcade (prononcez *V-arcade,* contraction de Réalité Virtuelle et d'Arcade) qui mettent au point des environnements multimédias sophistiqués, selon le concept des technologies immersives de Brenda Laurel. On rencontre le premier type de jeu sur toutes sortes de réseaux : réseaux câblés, réseau Internet, l'*Imagination Network, etc.* Contrairement au précédent, le second type de jeu introduit une notion supplémentaire et utilitaire puisqu'il n'utilise plus seulement le réseau comme *medium,* mais comme information au sens macluhanien du terme : le réseau crée des aires de communication et des espaces de vie(s) où les protagonistes interagissent dans une démarche constructiviste commune. Quant au dernier type, il utilise des dispositifs sensoriels puissants et une technologie de simulation en images de synthèse tridimentionnelles, fondé sur la règle des 3I : Immersion, Interaction et Illusion. On peut aussi adjoindre l'imagination et la navigation.

Une communauté virtuelle en ligne est donc un espace cybernétique multi-utilisateurs, tenant à la fois du *groupware* (collecticiel) et de la téléconférence. Sa version ludique est le jeu en réseau ou MUD (*Multi User Dungeons&Dragons* ou *Dimensions*). Les acteurs, ou joueurs, ne sont pas accros à des jeux vidéo, qui ne leur apporteraient pas ce qu'ils recherchent, mais sont accros à la communication. Ils ne peuvent s'empêcher de se connecter pour rencontrer d'autres gens et parler avec eux vingt-quatre heures sur vingt-quatre. A observer une communauté virtuelle donnée, son évolution, on éprouve l'excitation intellectuelle que peut procurer une recherche anthropologique en chambre ainsi qu'un certain sentiment de voyeurisme. On a un peu l'impression de regarder un feuilleton américain pour lequel il n'y aurait pas de séparation nette entre les acteurs et les spectateurs. Pour le prix d'un appel téléphonique, vous pouvez participer au psychodrame de votre choix.

En matière d'évasion, les accros du Minitel, les adeptes des MUDs d'Internet, les obsessionnels du dialogue en temps réel de l'IRC (*Internet Relay Chat*, conversation en temps réel via l'Internet) dans les campus universitaires américains prouvent que la télématique peut être un véritable marché du rêve interactif et payant. La communication par ordinateur peut donc devenir le nouveau média de l'évasion, comme l'ont été jusqu'ici les feuilletons radiophoniques, les films du samedi soir ou les *soap operas* américains. En cela, elle ne serait qu'un nouveau reflet et un nouveau vecteur de nos comportements socioculturels, de l'image que nous avons de nous-mêmes, comme l'ont été ces autres médias avant elle. Le pouvoir d'attraction des communautés virtuelles est incontrôlable pour ceux qui s'y adonnent. Certains de ces

MUDeurs ne comptent absolument pas le temps qu'ils y passent et sont dans un état de dépendance clinique. C'est un type de dépendance nouveau que nous connaissons mal. Le paradoxe, c'est qu'on ne peut pas dire non plus qu'ils soient recroquevillés sur eux-mêmes, puisqu'ils passent un temps significatif à communiquer avec leurs semblables ! C'est le contraire de l'isolement : c'est l'ouverture aux autres à son paroxysme.

Vers une « communautique » ludique

Le concept de communautés virtuelles et leur réseautisation dans l'espace cybernétique trouve son champ d'application dans ce qu'il est convenu d'appeler la « communautique ». Employée pour désigner l'ensemble des phénomènes communautaires en réseau, la communautique grand public s'avère un excellent laboratoire de télématique ludique. L'explosion d'Internet et des nouvelles technologies de l'information et de la communication (NTIC) a engendré l'émergence d'une multitude de communautés humaines et sociales en ligne, les « cybermondes », inaugurant un nouveau rapport sociétal à travers différents modes de représentation.

Or, l'homme n'est pleinement homme que lorsqu'il joue, disait le poète Schiller. En effet, le jeu est une activité humaine essentielle : « ce qui est naturel, c'est de jouer », défend le psychanalyste D.W. Winnicott. Pas nécessairement dans une démarche constructiviste, d'apprentissage ou d'acquisition, mais simplement pour le plaisir gratuit de jouer.

Or, « Rigoureusement parlant, le monde du jeu n'a ni lieu ni durée dans la relation espace-temps qui constitue le réel, mais il jouit d'un espace et d'un temps intérieurs qui lui sont propres », note Fink qui ajoute : « L'étrange entrelacement des sphères de la réalité et du monde du jeu ne peut être éclairé par aucun autre exemple connu de voisinage spatial et temporel ». Pour Jankelevitch, qui parle de l'« aventure en miniature » du jeu, « l'aventure est dedans-dehors (...). L'espace s'y refuse, distribue les places *partes extra partes* et le principe d'identité l'interdit ; et pourtant, cette contradiction est journellement vécue ».

Alors qu'est-ce qui pousse les gens à vivre ces aventures oniriques ? Voilà la question la plus importante, selon Paul Saffo, analyste. Sa réponse est simple : « L'instinct grégaire ! C'est dans notre nature. A une époque où le monde entier est devenu accessible de notre salon, l'expérience partagée devrait acquérir une valeur plus grande que jamais ».

Le cyberphilosophe et chercheur Pierre Lévy déclare, citant Reichholf à propos des mouvements des populations : « Le nombre de personnes qui se déplacent à travers les continents au moment des périodes de vacances, à notre époque, est supérieur au nombre total d'hommes qui s'étaient mis en route au moment des grandes invasions ». Par analogie médiatique, à l'heure où les populations ont le prurit de la fuite et des grands départs en vacances, l'irrépressible envie de voyages atteint son paroxysme avec les communautés virtuelles en ligne. Cette tentation tient à la nature même du cyberespace : qui a jamais rencontré autant d'autochtones ici et ailleurs sans quitter son fauteuil, sinon l'ubiquitaire habitant du cyberespace ? N'est-il pas meilleur slogan en faveur d'Internet que « Le monde au bout des doigts » ?

L'ère de l'ordinateur-média est née avec « l'ordinateur de Babel » ou cyberespace, écrit Pierre Lévy dans *Qu'est-ce que le virtuel ?* qui compare le Réseau, « objet anthropologique, objet-lien ou médiateur d'intelligence collective » à « un accélérateur d'objets, un virtualisateur de virtuels ». Le voyage virtuel est porteur de présages, comme le voyageur, de messages ; en outre, il est conatif puisqu'il virtualise l'énergie sans contraintes de temps ni de lieu. « Les 'icônes' informatiques, certains jeux vidéo, les simulations graphiques interactives utilisées par les scientifiques, représentent autant de premiers pas en direction d'une future idéographie dynamique ».

De la prégnance graphique

Les voyages cybernétiques recèlent autant d'expériences qu'il existe de façons de naviguer. Parmi les rangs des pessimistes, réalistes auto-proclamés, la fascination exercée par la technologie du virtuel ne doit pas nous éloigner de la réalité concrète malgré la véracité produite des expériences vécues : rencontres virtuelles d'êtres réels, hallucination collective, convergence du pouvoir d'attraction à tendance schizogénique sur les membres du réseau... Le problème est que seules les relations y sont réelles. Le monde virtuel des communautés sociales en ligne confère au « liant électronique » décrit par Régis Debray une pseudo-vie qui rend l'individu plus productif, mais plus solitaire par rapport au reste du monde. C'est un type de dépendance nouveau et encore mal connu.

Le village planétaire de McLuhan révèle alors un visage inattendu : celui de la non-communication, socialement inégalitaire et culturellement unidimensionnelle. Sans sombrer dans le pessimisme et jouer les « apocalyptiques » dépeints par Umberto Eco, les artefacts du virtuel produisent une permissivité naturelle qu'il appartient à chacun de maîtriser en parfaite intelligence collective. Si Umberto Eco décrit le faux absolu comme le fils de la conscience malheureuse d'un présent sans épaisseur, les clones virtuels pourraient bien être les épigones de nos futures relations cyberspatiales. Les mythes et les concepts, ces immatériaux fondateurs de nos civilisations, n'ont pas d'équivalent dans le cyberespace naissant. L'acculturation guette le voyageur virtuel car, paradoxalement, la profusion des images, génératrices de sensations, pourrait favoriser l'extinction de la pensée conceptuelle, pourvoyeuse de sens. Il est à craindre que l'esprit critique, nerf de l'évolution, disparaisse sans le pouvoir de codification et décodification des idées abstraites et générales qui fondent le jugement. En l'absence de la mémoire du passé avec ses mythes structurants, il n'est probablement pas de présent ni d'avenir véritables.

Paradoxalement, on ne peut pas dire non plus que ces utilisateurs soient recroquevillés sur eux-mêmes, puisqu'ils passent un temps significatif à communiquer avec leurs semblables. C'est le contraire de l'isolement : c'est l'ouverture absolue aux autres. Les rencontres virtuelles d'êtres réels deviennent, moyennant patience, les rencontres réelles d'êtres virtualisés. L'hallucination collective se change en réalité objective, tandis que le lien social rend l'individu plus solidaire du reste du monde. Pierre Lévy propose « une manière inédite de faire intelligemment société[16] » dans un « lieu » comparable à des « espaces [qui] se métamorphosent et bifurquent sous nos pieds, nous forçant à l'hétérogenèse ». Par surcroît, « en se virtualisant, le corps se multiplie ». En se multipliant, le corps s'externalise aussi. De sorte qu'il contribue à la formation d'une écologie cognitive dans le flux de conscience collectif, suivant la pensée de Sperber qui déclare : « un collectif humain est le théâtre d'une économie ou d'une écologie cognitive au sein desquelles évoluent des espèces de représentations ».

Les voyages virtuels ouvrent des perspectives d'investigation illimitée et sont chargés d'une vive émotion. L'éclosion d'une population électronique à travers les communautés virtuelles ne saurait démentir Sherry Turkle, qui souligne dans *Life on the Screen* : « Les ordinateurs ne seraient pas les puissants objets culturels qu'ils représentent désormais si leurs utilisateurs ne tombaient pas amoureux de leurs machines et des idées qu'elles produisent ». Une véritable typologie des communautés virtuelles ludiques dans l'espace cybernétique reste à définir et à explorer tant le paysage cyber paraît en ébullition. En toute hypothèse, il convient d'analyser leurs modes de fonctionnement et leurs enjeux sociaux si l'on veut en comprendre la portée à plus ou moins brève échéance.

---

[16] *In* « Réflexions sur l'avenir de l'université », *Cahiers de Médiologie*, Gallimard, Paris, 2000. www.mediologie.com/debat/controverse/levy_univ.htm.

Chapitre 2

LA VIRREALITE DU « SPECTACTEUR »

Des villes virtuelles

Ainsi, parmi les premières tentatives de création d'un environnement graphique virtuel distribué sur grande échelle et multi-utilisateurs, le projet *Habitat* constitue probablement la plus retentissante des expériences jamais réalisées. Né en 1985 chez Lucasfilm Games (filiale de LucasArt) en collaboration avec QuantumLink (aujourd'hui AOL), il a ensuite été racheté par Fujitsu au Japon. *Habitat* se greffe à un service commercial en ligne. Les usagers ont accès en temps réel à un monde simulé dans lequel ils naissent, vivent et meurent. *Habitat* consiste en la construction d'une ville virtuelle, appelée Populopolis. Chaque participant y possède une maison. Il y est représenté par un personnage qu'il a lui-même créé et participe à des activités collectives : élections, gestion municipale, ateliers thématiques, *etc.* Populopolis compte déjà près de 20.000 habitants, c'est-à-dire 20.000 utilisateurs disséminés un peu partout dans le monde. La version internationale (en anglais) héritée de Habitat est baptisée *WorlsdAway*.

Sa version française en trois dimensions, plus actuelle, est *Le Deuxième Monde*, la première communauté virtuelle européenne en ligne développée par Cryo Interactive Entertainment – un des leaders français du secteur ludo-éducatif qui incarne à l'étranger la « *French Touch* » informatique – et produite par Canal Plus Multimédia en association avec Cap Gemini Innovation et Numériland. Présenté au Milia '97, *Le Deuxième Monde* est venu illustrer le thème du salon Imagina de 2004 : les *beta-mondes*.

Le Deuxième Monde est l'antichambre du monde réel. Prémices d'un univers en pleine expansion, l'utilisateur (acteur ou joueur) évolue à travers la représentation graphique du personnage animé qu'il a lui-même façonné, baptisé « avatar ». Médiateur entre les connectés, celui-ci va nouer des relations participatives avec les autres habitants pour vivre des expériences d'autogestion et constructivistes. Témoin d'une nouvelle forme d'ontogenèse par la grâce du virtuel, l'utilisateur est à la fois créateur et acteur de son propre cybermonde

Livré au démarrage sur cédérom, le programme était couplé à un accès au réseau Internet. Depuis début 1998, la communauté virtuelle a été entièrement portée sur le Net, rejoignant ainsi le giron des communautés virtuelles 3D en ligne telles que *Alphaworld* ou *The Palace*. Cependant, sa spécificité réside dans une approche novatrice de la création de mondes virtuels en ligne : *Le Deuxième Monde* ne dépeint plus un monde fictif mais, pour la première fois (après la tentative avortée de Simnet), une représentation du réel puisqu'il s'agit, en l'occurrence, de la modélisation de la Capitale en images de synthèse.

L'utilisateur se promène alors dans Paris le long des rues, places et monuments célèbres fidèlement reconstitués. Dès lors, il peut être rejoint par tous les utilisateurs du monde entier (1.000 habitants maximum pour commencer) connectés au même moment. Il peut ainsi rencontrer d'autres « citoyens », échanger des points de vue, des émotions, participer à des événements... *Le Deuxième Monde* dépeint la capitale rêvée : sans bruit ni pollution, il offre la possibilité de s'orienter au moyen d'une carte et de se transporter (« téléporter ») aussitôt à l'endroit désiré. Tout est à la disposition de l'utilisateur pour communiquer et disposer du maximum de services : jeux de pistes, réunions littéraires, élections, radio, « e-zines » (fanzines électroniques), lèche-vitrines, *etc.* Espaces publicitaires, cybergaleries marchandes et cyberboutiques ont déjà investi l'univers puisqu'on y retrouve pêle-mêle le Virgin Megastore, les 3 Suisses, la FNAC, la Société Générale, *etc.* « Une économie virtuelle pour un commerce bien réel » déplorent certains.

Pour autant, *Le Deuxième Monde* revêt plusieurs formes et intérêts. Dans sa forme classique et apparente, il constitue un espace de communication en direct de premier plan directement inspiré de l'IRC dans un environnement graphique de haute qualité. Mais il constitue aussi une source inépuisable pour l'expérimentation épistémologique et pratique concernant les implications d'un espace cybernétique sérieux et commercial, le tout agrémenté d'un système d'élections démocratiques et de participation active des citoyens internautes (*netizens*).

Toutes les règles, éthiques, sociales, économiques, politiques, sont à définir par ses pairs afin de construire un nouveau monde, conforme aux aspirations et volontés créatrices de chacun. L'instauration d'un modèle économique d'échange comme la création d'une monnaie, le vote d'une constitution, des référendums, le travail en commun ou le commerce sont des voies de développement et de recherche actuellement à l'étude. Les possibilités de découverte, en l'espèce, n'ont de limites que celles fixées par l'imagination de leurs pratiquants. D'une certaine façon, le concept de ces communautés virtuelles tient à plusieurs facteurs : il puise son inspiration dans les jeux de rôles, s'agissant de son fonctionnement, dans l'architecture, pour ce qui est de ses fondations, et de l'économie mixte et libre-échangiste, dans son fondement.

Réalité virtuelle et vraisemblance visuelle

« Avez-vous déjà voyagé en réalité virtuelle ? Ceux qui ont tenté l'expérience en sont revenu éberlués : ils ont vu l'Avenir ! » déclarent les adeptes de la VR (*Virtual Reality*). Ces propos quelque peu grandiloquents témoignent de la fascination exercée par la « réalité virtuelle » sur le public, notamment grâce aux jeux de type VRcade. A peine dévoilée, la réalité virtuelle appliquée au domaine du jeu collectif sert d'exutoire à des fantasmes aussi variés que le voyage immobile et sans périls dans des contrées fabuleuses, la télésexualité faisant du partenaire-objet le pourvoyeur distant de stimuli érotiques, ou la télécommunication multimédia. L'accoutumance à un imaginaire épique qui supplée la grisaille quotidienne, la confusion du vécu et du virtuel – revendiquée par les programmeurs – suscitent d'ores et déjà des interrogations.

Des conflits politiques virtuels, par le monde, et des affrontements simulés se déroulent discrètement au coeur des ordinateurs. Des communautés virtuelles bâtissent des villes imaginaires et tissent des réseaux relationnels d'un genre nouveau. Les clones deviennent intelligents. « Dans un demi-siècle, affirme le roboticien Hans Morovec, des robots – et *a fortiori* les clones – seront dotés d'une intelligence humaine ». A tout le moins, produiront-ils une positivité des images de représentation abstraite et la capacité d'intelligibilité dont elles nous dotent.

L'imagerie de synthèse concurrence déjà la réalité quant à la véracité des images, introduisant le doute. Il ne s'agit pas seulement d'une nouvelle révolution industrielle. Il s'agit aussi d'une crise fondamentale de la représentation qui touche notre intelligence du monde et donc affecte notre image de nous-mêmes, modifie le sens de la présence de l'homme sur la terre. « Chaque fois que l'homme a changé de système d'écriture, il a aussi changé de système de représentation du monde » note Philippe Quéau, qui ajoute « les images numériques ne sont en fait que la partie émergée de cet iceberg formel ».

Les images de synthèse sont devenues si réalistes qu'on ne peut en effet plus les distinguer des images naturelles. Les clones 3D de certains jeux peuvent parfaitement simuler notre apparence. L'idée inhérente à la réalité virtuelle est de donner l'impression « d'y être » en fournissant à l'œil, au moins, les mêmes informations visuelles (image rétinienne) et sensorielles (perspective, déplacement temps réel et son) que le réel. Les modèles virtuels, émanation mentale de notre cerveau, entremêlent différents niveaux de représentation, constituant ainsi une gamme de réalités alternatives qui se juxtaposent à la réalité réelle, avec une cascade de conséquences sémiotiques mais aussi pratiques. Car « la réalité virtuelle peut rendre l'artificiel aussi réaliste, voire plus, que le réel », affirme Nicholas Negroponte, directeur du Medialab en Californie. Le simulateur de vol par exemple, devenu un jeu à succès grand public, permet de confronter son pilote à des situations rares qui le conduiraient, dans la vie réelle, vers d'irrémédiables dangers à la fois pour lui-même et son appareil. Notre rapport au réel change donc de nature puisque le virtuel devient aussi réel que le réel.

L'univers devra-t-il bientôt être pensé sous deux aspects, réel ou virtuel, existant ou utopique ? Le virtuel est déjà devenu, par prototypage interposé, l'antichambre du réel. Des objets numériques, des avions, des automobiles ou de modestes appareils électroménagers, conçus testés et validés au coeur des systèmes informatiques, ne deviennent réalité qu'après avoir subi avec succès les tests de validation. De l'impact sur le grand public dépend souvent la poursuite des recherches, dont les produits sont la force motrice. Or, dans l'univers virtuel, la place du jeu est prépondérante et presque encore exclusive. Aujourd'hui déjà, catalogues virtuels et communautés virtuelles ludiques (greffées à un service commercial en ligne) proposent à la clientèle des objets configurables, des vêtements dont il est possible de changer instantanément le tissu, la couleur ou les mensurations, des habitations sur mesure.

De la réalité aseptisée des communautés virtuelles 3D au « prêt-à-porter informatisé » de Jaron Lanier (inventeur du *data glove*, gant de données) ou à l'« *imagineering* » de Disney, l'avenir semble dicter son œuvre : l'homme moderne sera de plus en plus contraint de vivre dans des représentations de la réalité plutôt que dans la réalité elle-même. Car dans le cyberespace, réalité et expérience virtuelle ont même nature.

Une réalité sociotechnique

Le numérique entre dans une nouvelle ère, la « quatrième dimension temps prémonitoire, par opposition à la troisième dimension temps réel » affirme Alain Le

Diberder. Jusqu'à présent, l'accumulation de données informatiques donnait une photographie de l'instant présent. Aujourd'hui, l'analyse de fichiers doit permettre d'anticiper l'avenir. C'est là que se jouera l'avenir de nos sociétés et où se situera le vrai pouvoir politique et financier.

Dans une société où certaines libertés sont bafouées, le jeu vidéo, les communautés virtuelles et le multimédia peuvent sensibiliser les populations à cette culture informatique en leur conférant un rôle de contre-pouvoirs. Car en effet, seuls ceux qui comprendront et contrôleront cette culture seront capables de jouer un tel rôle. Il convient donc d'essaimer cette culture à travers le loisir pour rendre à tous sa liberté d'entreprise.

Jeux, culture, éducation sont autant de secteurs qui vont s'auto-alimenter et permettre des contenus de plus en plus élaborés. Réduisant les distances qui séparent l'écrit de l'image, effaçant la passivité d'une lecture linéaire, ces nouveaux outils amènent l'individu à progresser à son propre rythme, à s'auto-éduquer, à gérer lui-même ses échecs et à apprendre à se dépasser. Ces technologies, de contenus et de contenant, vont accentuer un meilleur échange et partage des savoirs qui enrichiront l'arbre des connaissances par une éducation précoce de leur utilisation. Car l'éducation, c'est d'abord l'acquisition d'un langage, la transmission d'un savoir et l'apprentissage d'une culture.

Les communautés virtuelles en ligne et la visionique préfigurent ce que va engendrer la révolution cyberspatiale, au cours des prochaines années, grâce aux immenses possibilités de ces programmes interactifs. Si l'on considère qu'une application multimédia est un logiciel exploitant des images (animées ou non), du son (musiques ou bruitages), et dont l'utilisateur peut modifier le déroulement de manière interactive, alors les simulateurs cybernétiques sont de réelles applications multimédias, au même titre que les premiers jeux électroniques. Le ludique pourrait devenir un sérieux vecteur de recherche.

Il serait vain, au regard des progrès fulgurants réalisés par l'informatique en trois décennies, de se projeter un demi-siècle dans le futur. Dans ce domaine plus qu'en tout autre, la visibilité de la prospective se limite à un horizon de quelques années, parfois même en mois, rendant la loi de Moore bien obsolète. Si l'on a tout lieu de croire que ces différentes formes de réalité virtuelle favorisent l'émergence d'une pensée dynamique et créatrice, la prudence impose néanmoins tempérance et recul : aucune grande révolution n'a été, dès ses débuts, conscience d'elle-même et de ses conséquences.

PARTIE III

DES BLOGS ET DES OBJETS : UN METANET

_____

Chapitre 1

DEMYSTIFIER LA BLOGOSPHERE

Hétérogenèse du journal intime

Consacré « mot de l'année » 2004 par le dictionnaire américain Merriam-Webster, le *blog* est un outil de production-diffusion en ligne d'une simplicité d'emploi sans précédent par rapport à tous les outils connus jusqu'ici. Son théâtre est planétaire et son potentiel de croissance rappelle les débuts prometteurs du Web.

Il n'est pas anodin que le premier blog, « *What's New?* », ne fut autre que celui de Tim Berners-Lee, celui-là même qui inventa en 1992 le support qui leur a donné vie : le World Wide Web, version graphique de l'Internet.

Son blog[17] pointait vers les nouveaux sites en ligne au moment de leurs naissances respectives. Le deuxième[18] à voir le jour, à l'intitulé identique, est attribué à Marc Andreessen et publié par le National Center for Supercomputing Applications jusqu'en 1996.

Jusqu'en 1997, les blogs vont se développer outre-atlantique pour faire écho à l'explosion du Web, au rang desquels figurent le *Scripting News*[19] de Dave Winer, le *Robot Wisdom*[20] de John Barger, et le *CamWorld*[21] de Cameron Barrett. Bien que

---

[17] http://info.cern.ch/
[18] Archivé à http://archive.ncsa.uiuc.edu/SDG/Software/Mosaic/Docs/whats-new.html
[19] http://www.scripting.com
[20] http://www.robotwisdom.com
[21] http://www.camworld.com

multi-auteurs, le site de Rob Malda, *Slashdot*[22], a fortement contribué par sa popularité à l'expansion du phénomène.

Mais leur entrée fracassante dans la sphère médiatique date surtout de l'année 1998, où ils sont apparus au Canada et aux Etats-Unis. Ces carnets de bord virtuels vont rapidement se multiplier à la faveur d'une actualité marquante comme le 11 septembre ou, plus récemment, le tsunami. Les plus célèbres d'entre eux ont été rédigés en 1998 par des journalistes de la presse d'opinion désireux d'échapper à la censure de leur direction, trouvant dans ce nouvel outil d'expression un moyen de prolonger leur pensée. Amplicateur de réalités « textuées », le blog apparaît comme un journal « augmenté » qui confine au libertaire. Aujourd'hui, ce sont les journaux qui encouragent leurs journalistes à tenir des blogs.

Sites web d'un nouveau genre, ils génèrent de nouveaux usages. Concaténation des mots *web* et *log* (journal), le *weblog* est présenté et défini un comme journal de bord en ligne, un texte à l'origine composé de phrases assez courtes, d'introductions ou de commentaires, suivis de nombreux liens sur d'autres sites.

Mais en 1999, Peter Merholz décide sur son blog ouvert depuis mai 1998 de prononcer le mot *weblog* non plus *web-log*, mais « we blog » pour créer le vocable *blog* en usage aujourd'hui, en l'associant au pronom *we*/nous. Jill Walker, chercheure en hypertexte narratif, propose cette définition du blog : « Un weblog ou blog est un site web fréquemment mis à jour comportant des entrées datées organisées dans l'ordre chronologique inversé, de telle sorte que le message le plus récent apparaît le premier ».

Cette même année, Andrew Zeepo met en ligne chez Pitas un gabarit automatique HTML. Peu après, Evan Williams crée Blogger chez Pyra Labs avec pour devise au

---

[22] http://slashdot.org

blogging « l'édition presse bouton ». Quoi de plus normal pour l'homme-bouton que la science a fait de nous.

Même s'il est convenu que les divers éléments qui le constituent lui préexistaient, l'originalité et la puissance du blog réside dans la manière dont il tire parti de ces diverses briques de base, et la souplesse que le blog apporte. C'est pourquoi sa valeur d'innovation dans l'usage est infiniment supérieure à sa valeur d'innovation dans la technologie.

Après le mél, les pages personnelles, le *chat* des messageries instantanées, le blog apparaît comme la nouvelle *killer app'* de l'Internet. Et ce n'est qu'un début.

Quand le globe blogue

Peu auparavant pourtant, un phénomène similaire se développe au Japon sans que personne ne le remarque. C'est le « magmag »[23] ou journal communautaire. « Aujourd'hui, il suffit de s'équiper d'un micro-ordinateur et d'une ligne téléphonique pour devenir un patron de presse, au sens traditionnel du terme. Se mettre sur Internet, se connecter et attendre que le monde vienne à vous ». Ces propos tenus à l'époque par Louis Rosetto, fondateur du magazine *Wired*, illustre à s'y méprendre le concept nippon.

Contrairement à la *newsletter*, qui est envoyée dans la boîte aux lettres de chaque internaute sans rapport entre les abonnés, le *MagMag* est une innovation qui permet de mettre les lecteurs en relation, inaugurant un nouveau modèle du genre et un nouveau rapport à l'écriture électronique. Comme le blog, il donne la possiblté à tout internaute d'éditer gratuitement son journal électronique. Couronné par les utilisateurs japonais à l'occasion du Web of the Year organisé par *Yahoo! Japan*, le magmag bouleverse à sa sortie tous les supports médias nippons. Sans aucune campagne

---

[23] http://www.mag2.com

promotionnelle, il va accueillir plus de 15.000 *mail magazines* et compter plus de 25 millions de membres lecteurs. Comparativement, la France compte aujourd'hui 4 millions de blogs sur la Toile, l'hébergeur Skyblog recensant 3 millions de sites personnels créés sur sa seule plate-forme à la vitesse d'un blog toutes les dix secondes.

Tirant son origine du *mail magazine*, le magmag permet à toute personne équipée d'un ordinateur en réseau de réaliser librement un magazine tout-numérique sous forme de *newsletter*. Celui-ci est ensuite envoyé par courrier électronique aux internautes lecteurs qui le désirent. Un procédé stylistique et technique qui rappelle celui des RSS (*Realy Simple Syndication*) utilisés dans les blogs, eux-mêmes inspirés des méthodes de *push/pull* qui définissent deux types d'accès à l'information : dans le *pull* (le plus usité), le client va chercher des informations sur le serveur; dans le *push*, le serveur envoie l'information au client.

Dans la blogosphère, le format RSS permet d'indexer de façon automatisée le contenu d'un site. Pour souscrire à un flux RSS, le blogonaute doit simplement copier des liens thématiques de format XML dans le lecteur de son choix. Muni d'un logiciel appelé agrégateur d'information, l'internaute lecteur va chercher des informations sur mesure et se tient ainsi informé des dernières actualités publiées sur le site sans avoir à le consulter.

Publier son *mail magazine* ou son blog est donc un jeu d'enfant. Il suffit de savoir utiliser un logiciel de traitement de texte approprié. Kijhna Shin, cofondateur du magmag, considère son innovation et sa société éponyme comme « la circulation interactive des pensées », et classe ses magazines en 17 catégories, des cours d'anglais aux actualités politiques en passant par les rencontres... Le caractère temporel et le style « brèves » de cette écriture polymorphe interactive recèle un commun dénominateur avec les blogs depuis leur existence : leur manque de longévité. Cette marque de l'éphémère est l'indice des « communautés rances », en tant qu'un blog est dans une sphère d'une dizaine d'autres blogs qui sont tous dans la colonne de gauche (*blogroll*) de la dizaine des autres blogs ainsi affiliés.

Autre résurgence de ce que nous appelons la « mouvance *techno-vintage* » : ce sont les auteurs des dix mêmes blogs qui rédigent les commentaires des dix autres blogs. Pour Philippe de Jonckheere, on assiste de ce point de vue au retour des *webrings* (anneaux) : « Je te mets dans tes liens si tu me mets dans tes liens » ("*I'll scratch your back if you scratch mine*").

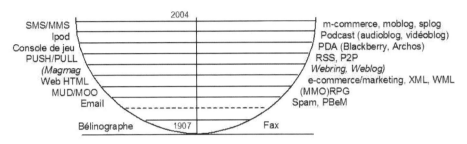

Etapes du réseautisage communautaire

A l'instar du blog, les internautes lecteurs du magmag trouvent que le *mail magazine* change leur vie. La production discursive du magmag favorise l'émergence d'une culture qui s'installe en marge du Japon traditionnel, constituant des communautés où l'individualité s'exprime – fait remarquable dans une société aux contraintes sociales fortes et hautement hiérarchisée. Chacun pouvant s'exprimer publiquement, tous avouent la joie de publier et de communiquer avec leurs lecteurs.

De même le magmag a-t-il distribué des fichiers MP3 ainsi que d'autres formats bien avant le blog ou le *peer-to-peer* (P2P, poste à poste) pour que les artistes puissent publier leurs oeuvres. La méconnaissance imméritée du magmag en Occident tient probablement à un facteur simple : il est resté entièrement édité en japonais.

Le *tsunami* multimédiatique, dont le blog se fait proprement l'écho, est venu de sa grande variété actuellement en usage, dont les formes d'expression sont les suivantes :

le musical appelé « audioblog » ou « podcast » (contraction d'« Ipod » et de « *broadcasting* », c'est un audioblog comportant des contenus audio et vidéo destinés aux baladeurs numériques) ; le « photoblog » essentiellement composé de photos ; le « weblog » pour les formes littéraires ; le « BDblog » pour le dessin ; ou encore le « vidéoblog » pour l'image filmée.

Comme pour le journal électronique japonais, le blog est « rubriqué » en une déclinaison protéiforme de genres. On recense les blogs d'information, les blogs politiques, électoraux, terroristes, syndicalistes, consuméristes, mercatiques, d'entreprise, d'adolescents, de fans, *etc.* Qu'elle soit nippone ou pas, l'instance informationnelle de leur représentation est la même et peut se résumer en cette sentence : *l'essentiel est de « parler vrai »*. Le vecteur d'accès sous-jacent sont l'interactivité et l'immédiateté. En langage peircien, le premier mode est iconique (représentation) et le second, indiciel (par connexion). Le troisième est public car de nature communautaire. Journalisme et blogs ainsi se croisent et s'interpénètrent.

Aux Etats-Unis, les forums de discussion sous la forme de journaux électroniques sont apparus sous le nom de « *community publishing* » (publication communautaire). Sur le site web du quotidien *Arizona Daily Star*, on trouve aussi bien les pages des étudiants libertaires de l'université d'Arizona, qu'un site nostalgique sur « l'héritage de Ronald Reagan », d'autres sur les Spice Girls, ou encore sur les montagnes de la région. Mais aussi plusieurs dizaines de sites d'associations, d'écoles, d'églises, de clubs... Pour Bob Cauthorn, responsable de ce web de presse, l'Internet permet à son journal d'établir « une nouvelle relation avec ses lecteurs ». Ou plutôt, corrige-t-il aussitôt, de « renouer avec une ancienne relation. Avant, dit-il, les journaux étaient au centre de la vie des gens et nourrissaient toutes les discussions ». Cauthorn appelle les journalistes à « se réunifier avec leurs lecteurs ».

La publication communautaire attire donc de nouveaux lecteurs et des lecteurs d'un nouveau genre. Mais surtout, elle active les liens entre eux, renforce leur sentiment d'appartenance communautaire et donc leur attachement au journal ou blog. Pour le journaliste professionnel, le plus difficile est d'accepter l'idée d'une « rupture épistémologique » qui consiste non seulement à renoncer à son rôle de filtrage des informations, mais aussi à permettre au public de participer à la distribution des nouvelles au même titre qu'eux. La réseautisation participe éminemment à ce changement culturel : le journaliste ne se pose plus sur un promontoire d'où il délivre l'information, mais il devient un médiateur, une interface. Par ricochet, l'enseignant véritable n'est plus celui qui a le plus de connaissance, mais celui qui amène le plus grand nombre à la connaissance.

L'échange rapide avec le créateur du blog ou du site, la simplicité de création et de publication, sont quelques unes des raisons technopratiques qui ont présidé au succès mondial de la blogosphère. Quelques minutes suffisent à l'utilisateur pour créer son blog personnel sans la moindre connaissance informatique. Dans cet univers essentiellement langagier, le contenu textuel préempte l'habillage contrairement au site web classique. Les outils mis à disposition assurent automatiquement la mise en page et en valeur du texte, le dernier article apparaissant toujours en tête pour maintenir un fil de discussion chronologique. Ce procédé d'affichage est comparable à celui en usage sur Usenet dans les fils (*threads*) des forums en ligne (NG, *newsgroups*) ou des listes de diffusion (*mailing lists*).

L'interactivité est une composante majeure de la blogosphère, car l'audience d'un blog se mesure autant par le discours du blogueur-auteur que par celui des blogueurs-contributeurs. Elle est assurée par des liens hypertextes, des rétroliens (*trackbacks*) qui mettent en relation mutuelle des sites partageant un même sujet, et des fils RSS. Comme lors de l'épopée des premières créations de pages web, le blogonaute recourt à une plate-forme d'hébergement (*e.g.* communautés de skyblog.com, canalblog.com, 20six.fr, *etc.*), gratuite ou non, avec ou sans système de modération, et peut, s'il est confirmé, réserver un nom de domaine avec utilisation d'un logiciel de publication.

L'intertextualité et la convergence des procédés énonciatifs favorisent ainsi l'émergence d'un média de masse.

Les procédés discursifs visant à détourner la nature première d'une information restent fondamentalement inchangés. Attirés par la déferlante « bloguesque » et l'appât d'un gain d'audience à bon compte, les entreprises les plus sérieuses comme les hommes politiques ont revendiqué à leur tour une part du gâteau en prenant le train en marche. Ainsi a-t-on vu tel homme politique coucher ses états d'âme sur un blog personnel, ou tel chef d'entreprise vanter les mérites de sa société et inviter parfois même à l'échange d'opinions, portant sous forme électronique la bonne vieille méthode dite de la « boîte à idées ». « Certaines entreprises ont mis à disposition de leurs salariés des blogs pour favoriser le dialogue en interne, faciliter le travail en équipe ou encore faire d'eux des ambassadeurs de la société », relate Isabelle Falque-Pierrotin[24], présidente du Forum des droits sur l'Internet, qui poursuit : « Une société de cosmétique a ainsi mis en ligne le journal 'blogué' d'une consommatrice utilisatrice des ses produits. Démasquée par des blogueurs, la société a dû reconnaître que la consommatrice était une salariée. Cette entreprise a donc été contrainte de revoir ses méthodes. D'autres, à la recherche de l'opinion des consommateurs, ont choisi de soutenir des blogueurs passionnés par leurs marques ».

Du point de vue de leur sociologie, selon l'Institut Mediamétrie et la revue *01 Informatique* du 20 décembre 2005, les blogs sont consultés par 3 internautes sur 10 (6,7 millions de visiteurs), tandis qu'un internaute sur 10 a déjà créé son blog et 8 blogueurs sur 10 ont moins de 24 ans. Le nombre de blogs sur la toile mondiale serait passé de 4 millions en 2003 à 30 millions en 2005, dont 2 millions en France. 75 % des internautes savent aujourd'hui ce qu'est un blog. Un nouveau blog se créerait même toutes les 6 secondes. Aujourd'hui, le taux de progression est tel qu'il existe déjà plus d'auteurs de blogs que de lecteurs. Mediamétrie prévoit de réaliser de nouveaux panels tous les six mois à des fins prospectives, ainsi qu'un top des 50

---

[24] *Je blogue tranquille*, Paris, 2005, Forum des droits sur l'Internet – www.foruminternet.org

weblogs les plus populaires : « Certains approchent le million de pages vues mensuelles, ce genre de classement devient donc pertinent » – des statistiques largement satisfaisantes pour intéresser l'industrie publicitaire et mercatique.

On note aussi que les blogs français connotent généralement plus politiques que leurs homologues japonais. Ces derniers montrent une inclination plus prononcée aux loisirs et journaux intimes. On suppose cette orientation provenir de la réunion de deux courants, celui des blogs anglo-saxons et celui des communautés des journaux intimes en ligne, dont les services avaient existé avant l'apparition des blogs. Les Français, pour leur part, cacheraient moins leur identité et leur visage que les Japonais lorsqu'ils bloguent. Le contexte irakien après les critiques relatives à la prise d'otages japonais et la fuite des adresses postales dans un BBS (les maisons des familles ont essuyé des jets de pierres) seraient à l'origine de cette méfiance comportementale dans les blogs nippons.

Un service original de création de communautés virtuelles par cooptation est apparu au Japon sur SNS (Social Networking Service). L'exemple le plus connu est celui d'Orkut dans le monde anglo-saxon, qui se présente comme suit :

> « Orkut est unique : c'est un réseau d'amis fondé sur la confiance qui se développe de lui-même. Nous évitons ainsi de grandir trop et trop vite. Chaque membre est recommandé par au moins un autre membre.
>
> Si vous connaissez une personne membre d'Orkut, cette personne peut vous inviter à vous inscrire à votre tour. Si vous ne connaissez aucun membre d'Orkut, patientez un peu ; cela ne saurait tarder. »

Parallèlement, le champ d'action du blog s'est élargi avec la palette de ses usages, touchant toutes les strates de la population pour favoriser la naissance de micro-communautés. Sur son blog dédié aux nouvelles technologies *online*, Martin Lessard explique le phénomène par l'émergence d'une « société des chroniqueurs » pour établir une dichotomie sociétale de type « impliqué/pas impliqué ». Scrutant l'actualité, il observe un différentiel d'implication très net chez les blogueurs suivant la nature de l'événement couvert, *e.g.* Superbowl/Tsunami. Très impliqués dans le premier événement médiatique, les internautes ont montré un intérêt beaucoup plus mitigé pour le second, alors que le cyclone Katrina a suscité de très vives réactions. La thèse émise par Lessard est la suivante :

> « En regardant les autres thèmes d'actualité, on voit bien que ce ne sont que les sujets d'actualité des États Unis d'Amérique qui tirent la couverture blogosphèrique. À drame humain/catastrophe écologique similaire, Katrina récolte plus que son lot de commentaires. »

L'assertorique devenant apodictique, il conclut que la blogosphère reste éminemment déformée par l'idéologie dominante, celle du peuple américain. En effet, les blogueurs ne commentent que l'actualité qu'ils vivent :

> « Si on n'est que spectateur lointain, on observe; si on est un spectateur impliqué, on commente. (…) Quand il y a une bombe qui éclate ailleurs, on est spectateur. Quand une bombe éclate "chez nous", on est plus prompt à commenter, puisqu'on est "impliqué". »

En substance, la blogosphère serait une alternative au sondage d'opinion. Véritable caisse de résonnance, elle transforme l'*agora* athénienne en une « place publique de la masse » commentant ce qu'elle *vit* et non commentant *l'actualité*, ce qui est différent. Mais plus encore que la prégnance blogosphèrique sont les vertus synesthésiques qu'elle engendre chez leurs créateurs. Dans « Les weblogs dans la cité: entre quête de l'entre-soi et affirmation identitaire »[25], Olivier Tredan, chargé d'étude à l'IUT de Lannion, voit principalement dans le blog la publicisation de l'intimité :

> « Son usage s'inscrit dans une tendance à la reterritorialisation d'espaces de vie dans le Cyberespace et permet ainsi de dédoubler et de renforcer les réseaux de sociabilité développés dans des espaces physiques, publics ou privés ». Il note une « tendance à l'autonomisation des adolescents par rapport au foyer familial. (…) Les liens croisés entre blogs et le contenu attestent la formation de micro-communautés en ligne. Les Weblogs apparaissent comme un

---

[25] http://tic-cite.univ-rennes1.fr/resume2004.php?lien=f0498.txt&mail=tredanolivier@yahoo.fr

média tourné vers la quête de l'entre-soi (…) pour créer de nouveau liens sociaux déterritorialisés ».

qui ajoute :

> « Une pratique couramment répandue consiste à afficher publiquement son réseau d'appartenance, par le biais des liens hypertextuels. Le weblog constitue en quelque sorte le lieu d'affichage des relations construites via le réseau internet ou dans le cadre d'une sociabilité physique ».

En substance, à cet usage peu textuel de l'hypertexte correspond une communauté qui choisit de s'exprimer comme réseau de lecteurs numériques. Le caractère antinomique de la nature de la communauté en ligne prend son apogée quand au lieu de former une communauté virtuelle, Tredan indique qu'il s'agit d'exposer « l'entre-soi » d'une communauté réelle, volontiers restreinte, partageant les mêmes repères, symbolisés par les *blogrolls*, et les mêmes activités décrites dans les notes des blogs. Or ces blogrolls, ou liste de liens, sont l'arbre qui cache la forêt, c'est-à-dire des micro-annuaires correspondant aux thèmes de prédilection du blogueur où chaque thème correspond à un blogueur de la communauté.

En outre, il convient de distinguer cette typologie de liens des hyperliens qui prennent la forme de blogrolls. Ce qui ne facilite pas toujours l'information du lecteur. La pratique fonctionnelle de cette dernière catégorie de liens est particulière en tant qu'elle s'inscrit au cœur du texte comme des sorties latérales vers d'autres blogs tenus par des amis de l'auteur. Ces liens n'ont pas pour fonction d'assurer de la pertinence de l'information, mais d'orienter vers des proches de l'auteur, ce qui crée bien un sens communautaire.

Cette dimension, appelée le « *k-logging* » (*knowledge logging*) par Sébastien Paquet[26] de l'université de Montréal, est une facette de ce qu'il nomme la « cognitique

---

[26] http://www.iro.umontreal.ca/~paquetse/

personnelle en ligne » (*personal knowledge publishing*). Elle consiste à publier sur le Web un contenu ouvert à tous, ainsi que la gestion de tous les liens de ses amis et connaissances sur le blog, mais dont l'accès et le partage sont limités aux membres *via* un intranet.

Le texte ayant pour caractère quasi-transcendantal d'être labile, ce trait *s'actualise* totalement dans l'écriture numérique (tandis qu'il était *inhibé* dans l'écriture papier), se fragmente et « vit en communauté de texte » libéré par une maïeutique ontologique transmise par le blogueur. Sémiotiquement, ce dispositif au sein du blog permet d'organiser une logique des signes différenciants. Il faut en effet que le regard soit attiré vers une partie de l'écran pour qu'il y ait repérage visuel d'un signe permettant d'effectuer telle action. En l'espèce, nous avons affaire ici à un procédé de lecture-action où chaque blogueur-auteur « commet » une « lectacture », posture médiane de la création collective située entre production et réception [WEISSBERG][27].

Ces hyperliens protéiformes sont aussi des « indices » au sens énoncé au colloque « Indice-Index et Indexation » de Lille en novembre 2005. Lors de cette conférence, Yves Jeanneret, Directeur de recherche au CELSA, décrypte l'*indice* qui révèle, traduit et dénonce quelque chose ; en un mot, il désigne. L'indice possède un lien de continuité étroit avec la cause, comme les traces de pas, les noms propres, la girouette, le doigt pointé, *etc.* Il se distingue de l'*index* qui « porte l'attention sur », met en évidence, rend visible, mais son lien de causalité est plus distant. L'*indexation*, enfin, correspond à l'institutionnalisation de cette pratique. L'indice donc serait « la sémiotique du naturel » et l'index/indexation, « la sémiotique du culturel ».

La blogmania : représentation du monde ou expression du moi ?

Mais comme pour l'histoire de la naissance du SMS (*Simple Message Sytem*) et de son

---

[27] WEISSBERG J.L., « Auteur, nomination individuelle et coopération productive. » *in* SOLARIS, *Matière numérique : la production et l'invention des formes. Vers une esthétique nouvelle*, Blin O., (sous la dir. de), n°7, Décembre 2000 - Janvier 2001.

prodigieux engouement – malheureusement producteur de sabir –, le blog doit sa singulière popularité dans le grand public à sa réappropriation par les adolescents en général, et ceux en mal de vivre en particulier. Pour le stratège de la Cité des Sciences de la Villette, Joël de Rosnay, ces nouveaux utilisateurs sont les *cyberkids*, prototypes d'enfants mutants.

« Alors que les adultes sont inhibés, les *kids* n'ont pas peur de se tromper. Notre culture venant du livre, nous sommes des linéaires textuels. Les *cyberkids*, en revanche, sont nés avec les télécommandes de PC, de TV, de jeux vidéo et sont des globaux, des hypertextuels qui se promènent dans des arborescences. C'est tout naturellement qu'ils se trouvent imprégnés de cette culture de l'interactivité », note l'ancien chercheur du MIT, auteur visionnaire de *L'Homme symbiotique* (1995, 2000) mais aussi de *La Malbouffe* (1979).

Pour les plus doués et littéraires d'entre eux, le blog s'est vite révélé un moyen d'objectiver et de verbaliser sur papier électronique le tréfonds de leurs pensées. A mesure que croissait son audience, le blog a atteint la frange des jeunes adultes pour devenir un vecteur d'altérité et de communication de son *ego*. Au tout début des blogs, les outils étaient prévus pour favoriser une écriture de collaboration. C'était même là le principe du blog : pouvoir intervenir à plusieurs sur le même espace de rédaction. Aujourd'hui, les blogs sont surtout l'explosion d'une expression égotiste, en dépit du fait que les meilleurs d'entre eux rivalisent avec les blogs de la Presse professionnelle.

Ce mélange d'informations, de réflexions, de commentaires, d'impressions et de critiques pourrait s'intituler Choses lues et relèverait d'un genre qu'on eût pu baptiser « Journal extime », dit Pierre Assouline dans son blog :

« Car au fond, qu'est-ce d'autre qu'un journal intime lorsqu'il est en ligne ? Non pas un 'journal externe' ou 'journal extérieur' comme le suggère le Gaffiot dès qu'on se penche sur le cas de l'*intimus*, mais bien Journal extime. Pour LACAN, c'est 'l'objet petit *a*', objet perdu pour la jouissance, partie intime du corps détachée, puis objet du désir impossible à récupérer : *extime*. Tel l'analyste à qui le patient le prête. Voilà en quoi il est extime : on lui dit tout de soi;

le plus intime n'en saura pas autant, mais on ne sait pas grand chose de lui. TOPOR, quant à lui, avait écrit un 'Journal in Time' ».

Ce journal ouvert, à l'intimité exposée, est un pli du dehors autant que des figures de soi : le blog impose un journal à l'estime et veut en faire profiter la terre entière. Du local au global et *vice versa*, voilà une belle amplitude qui ouvre de larges espaces aux discussions. Pour autant, le blog n'est pas unidirectionnel dans son mode de transmission et de communication en réseau : il va aussi du local au local. L'idée de la terre entière est une nébuleuse et les skyblogs adolescents demeurent dans la sphère locale. Pourtant, s'agissant des outils statistiques qui traitent du phénomène, ces blogs locaux-locaux sont systématiquement pris en compte et grossissent de fait notre perception de l'univers.

D'une façon plus générale, les blogs comme les textos (SMS) répondent tous au même principe : plus le vecteur est puissant, plus le message est pauvre. Maintenant prenons de la hauteur, quittons la sphère de l'*intimus* et observons l'altérité entropique de l'univers : tous les textes produits à l'intérieur de cet univers réticulaire appartiennent au même hypertexte, et tous les textes sonores, à la même polyphonie. L'ensemble constitué crée un *datablogware* générateur d'une multitude d'univers-cités virtuelles pour former un nouveau continent : l'Evernet. La notion d'auteur est cependant de moins en moins palpable, en raison du rassemblement d'images, de textes de plusieurs personnes et blogs aux sources multiples. Grâce au procédé d'anneau (*ring*), le *datablogging* est la chaîne continue de réalisation, de rédaction, de lecture-écriture, chacun étant tour à tour le lecteur-récepteur du prochain. On fait advenir le message final – ceci est particulièrement vrai dans un système dit « ouvert » : la lecture devient une forme d'écriture, soit en ajoutant un élément, soit en modifiant la structure. C'est le flux créatif en action à partir des éléments existants. D'où une inflexion importante de l'écologie de la communication, flux continu en variation permanente.

On se plaît déjà à imaginer que l'essor pris par les communautés de blogueurs pourrait mettre à mal l'emprise marchande sur la Toile, ouverte à l'origine pour l'échange. C'est pourquoi la blogosphère est, pour les uns, d'abord un réseau de solidarités qui renoue avec sa genèse et l'esprit pionnier. Blogs et journalisme alimentent avec passion les débats, notamment sur la façon dont les médias doivent coexister et prendre en compte la blogosphère avec ses millions de petites fourmis.

Aux Etats-Unis, certains grands médias utilisent déjà la possibilité de « trackbacker[28] » leurs articles, des revues de blogs par agrégateurs ou la mise en vis-à-vis des liens de la communauté Technorati[29]. Dans ce registre, il ressort un certain nombre de constats :

- la séparation entre l'amateur et le professionnel ne saurait se mesurer au statut mais à la qualité du propos;
- de grands médias trouvent intérêt à ouvrir des blogs comme des chroniques régulières pour des blogueurs reconnus;
- des correspondances émergent dans le domaine des biens culturels et des blogs;
- un besoin croissant d'interaction, mais aussi de critiques, se font jour sur les nouveaux modes de consommation médiatique (notamment depuis la parution du fameux article de Wired « *The long Tail* »[30]).

Pour d'autres, la blogosphère ne saurait contraindre le lecteur à le lier en permanence à des quantités d'autres blogs et sites, et moins encore de répondre à la terre entière. Un blogueur témoigne :

---

[28] Le TrackBack, ou rétrolien, est un système mis en place par les outils de blog, qui permet à un blogueur de savoir qui a vu le message original et qui a écrit une autre entrée à ce sujet. Le système fonctionne en envoyant un *ping* (signal émis dès qu'un billet est posté) entre les blogs, et fournit ainsi l'alerte.
[29] http://technorati.com/
[30] http://wired-vig.wired.com/wired/archive/12.10/tail.html

« Pour moi qui suis incapable de pénétrer là où je ne me sens pas admis, pour moi qui ai toujours essayé d'être à la fois dehors et dedans, une autre vérité se dessinait : être dans le dehors du dedans. J'aime bien ce jeu du dehors et du dedans. Ces deux mots : dehors, dedans. Comme s'ils recouvraient le sensoriel, l'intellect, le métaphysique. Un blog permet quelque chose de cet ordre, je pense ».

Mais arrive un fléau *techno-vintage* qui menace l'espace de Blogotie : les « *splogs* », contraction de *spam blogs*, une déferlante qui crée cinq mille blogs publicitaires par jour. Comme le mél dans sa boîte aux lettres électronique, le blog voit désormais son champ d'influence attaqué et même phagocyté par des *spammers* d'un nouveau genre, dont la courbe de l'évolution suit la même amplitude sinusoïdale que celle de l'innovation technologique.

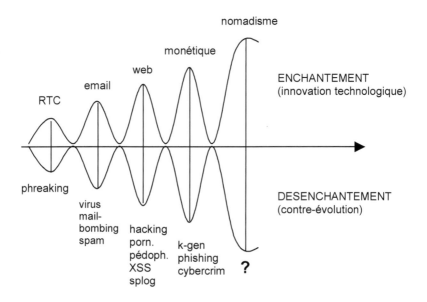

S'affirme alors plus que jamais la volonté chez les blogueurs de transcender l'enjeu et l'obstacle par une « rénovaction » de la pensée publique, ou « informaction ». Un courant initié par les « *wikis* » de la « *mass amateurisation* ». Le terme « wiki », du hawaïen « *wikiwiki* », est un adjectif signifiant *rapide*. La publication *wiki* désigne un site web collectif dont toutes les pages sont modifiables à volonté par l'utilisateur à tout moment. Le principe wiki permet de communiquer et diffuser des informations rapidement, de les structurer en une navigation efficace, et réalise une synthèse des forums et des FAQ. Les bases de connaissances, les documentations et traductions en ligne, les suivis de projet collaboratif ou les encyclopédies libres à l'image de Wikipedia (dont le système de gestion de contenu est le logiciel Mediawiki), constituent ses domaines d'application. Les wikis personnels sont utilisés comme outil de productivité et de gestion de l'information : du simple pense-bête au bloc-notes évolué, jusqu'à des applications aussi variées que la gestion d'agenda, l'historique de document ou encore la publication en ligne rapide. Les wikis communautaires, enfin, rassemblent des personnes autour d'un sujet déterminé à des fins de rencontre, de partage des connaissances et d'organisation.

L'expression « *mass amateurisation* » désigne un processus en cours de développement. Elle est donc sans rapport avec le cliché usuellement attribué au vocable *amateur*. Son concept est à rapprocher de la philosophie qui a donné corps au mouvement des technologies *open-source* (logiciels libres) qui rivalisent et dépassent régulièrement en qualité les logiciels dits propriétaires. De sorte qu'on parle d'« amateurs *versus* professionnels », donc de « blogueurs *versus* journalistes ».

Les logiciels libres : des stimulateurs de créativité

Historiquement, rappelons que l'origine des logiciels libres remonte à 1984 avec le projet GNU (*Gnu's not Unix*, en référence au système d'exploitation Unix) initié par Richard Stallman et développé par des *hackers*. Ce projet consistait à développer un système complet de logiciels libres hautement compatible avec Unix. Il a été conçu comme une manière de rétablir l'esprit coopératif qui prévalait dans la communauté informatique aux premiers jours, en supprimant les barrières à la coopération imposées par les possesseurs de logiciels propriétaires. De très nombreuses communautés de développeurs, dont des fondations, se sont ensuite créées dans le monde, composées de bénévoles, d'étudiants, de chercheurs, *etc.* Elles ont ensuite évolué, pour certaines d'entre elles, vers des ensembles de contributeurs constitués en société. Développés selon un mode de travail collaboratif, les logiciels libres sont élaborés grâce à des contributions des membres de la communauté. Une « *core team* », composée de contributeurs de haut niveau, effectue les contrôles, assure la cohérence et la qualité des développements. Cette organisation permet de produire des logiciels dont le coût est limité et la technicité, élevée. De plus, la communauté joue un rôle important dans le déboguage (d'autant plus rapide que les contributeurs sont nombreux) des nouvelles versions, assurant un contrôle qualité à grande échelle et réactif.

Le premier élément du succès de ce phénomène est dû à la culture communautaire accrue depuis la démocratisation du réseau et dont le travail fourni s'inscrit dans un but non lucratif. Cette communauté ne vise qu'à améliorer un logiciel commun et à en faire profiter les personnes intéressées, des développeurs notamment. La deuxième tendance du libre est l'échelonnage des logiciels libres. Linux représente bien souvent le premier lien avec le libre en raison de sa popularité. Les solutions plus pointues comme OpenSSL ou OpenDAP, moins médiatisées ne bénéficient pas du même engouement. Le troisième élément caractéristique des logiciels libres, c'est qu'ils représentent une alternative viable dans les environnements dits « critiques », c'est-à-dire nécessitant une haute disponibilité. On peut prendre l'exemple du moteur de recherche Google qui effectue quotidiennement plus de 200 millions de recherches sur des ordinateurs Linux, et celui d'Associated Press qui utilise MySQL pour gérer des centaines de milliers de transactions par jour.

La réduction des coûts est également citée comme facteur clé des logiciels libres, une réduction qui provient aussi bien de l'absence de frais de licence que de la réutilisation de code ou comme outil de négociation face aux éditeurs de solutions propriétaires. Cette réduction des coûts accompagne les nouveaux usages offerts par les logiciels libres. Les logiciels libres stimulent la créativité et favorisent la concurrence. En effet, une entreprise peut commercialiser des solutions hybrides, à la fois libres et propriétaires, et s'appuyer sur une assistance technique dispensée au choix par la communauté ou par la société. Le logiciel libre s'applique à tout niveau sur des domaines inédits comme le prouve l'exemple de l'encyclopédie Wikipedia citée précédemment, ou l'adoption de Linux comme système embarqué. Les développeurs ne sont plus inféodés à une entreprise ni confinés en son sein.

Enfin la stimulation de la créativité et de la concurrence constituent les derniers facteurs spécifiques au libre. Parce qu'ils peuvent travailler en toute indépendance sur ce qui leur tient à cœur, les développeurs apprécient les logiciels libres. Face aux éditeurs de solutions propriétaires, ils s'inscrivent à la fois comme un concurrent et comme un outil supplémentaire de travail. La plupart des spécialistes recommandent toutefois aux entreprises d'être ouvertes aux solutions libres en mettant en place une structure d'expertise et éventuellement de réaliser une liste blanche des logiciels libres pertinents.

En dernière analyse, soulignons que certains logiciels posent de véritables problèmes juridiques en raison du « *copyleft* » (le pendant du *copyright*), une mesure qui oblige tout logiciel utilisant une partie de logiciels libres à devenir lui-même un logiciel libre dont le code est ouvert à tous.

En blogologie, les sites communautaires emploient des annuaires sociaux appelés « *folksonomies* ». Néologisme apparu en 2004 de la contraction de « *folks* » (les gens) et de « taxonomie » (système de classification hiérarchisé), il désigne tout processus de classification collaborative de ressources basé sur des mots-clés (*tags*)[31].

Alain Finkielkraut trouve qu'Internet est un lieu sans médiation et analyse la situation. S'expliquant sur la blogosphère, il estime que le blog est actuellement un

---

[31] Créé par Technorati pour classer les billets sur les blogs, Flickr pour les photos et del.icio.us pour les favoris.

« flux textuel informe, sans contenu »[32]. En effet, l'avenir de la culture résiderait dans :

> « (…) la glossolalie, la volubilité exubérante d'une blogosphère planétaire. (…) Voyez-vous, Internet est une thèse sur l'être : l'être est information, et une information, disponible, malléable (…) L'information, Internet noient les œuvres dans un flux textuel informe, sans contenu. Et cela satisfait une certaine forme d'égalitarisme. On nous parle beaucoup d'humiliation à l'école : l'humiliation par les notes ; l'humiliation, aussi, par ces œuvres trop belles, trop transcendantes (…), et qui manifestent un écart insupportable entre leurs auteurs et ceux qui les lisent. Cet écart doit être comblé et c'est à cela que la technologie moderne, ou hypermoderne, se voue. Je ne vois pas bien comment résister à ce phénomène, car il a pour lui une double légitimité : celle du progrès technique et celle de la démocratie triomphante ».

Internet permettant à tous de s'exprimer librement (historiquement, c'est le premier système anarchique qui fonctionne), le temps du « *magister dixit* » aux paroles sacramentelles des scolastiques du Moyen Age est révolu. Le Réseau a remplacé le maître, dont les disciples recevaient la parole avec une entière soumission, sans examiner la vérité et la possibilité de ses opinions, comme a voulu le montrer La Fontaine, dont on connaît le respect pour les Anciens : « Il ne s'agit pas ici d'en apporter une raison ; c'est assez que Quintilien l'ait dit. ». Quelques siècles plus tard, le disciple s'est doté d'un cerveau mobile, l'ordinateur, où l'écrit d'écran va devenir la parole qui enseigne autant qu'une prothèse des capacités de communication humaine. En sorte que demain, une part de l'écrit sera directement produite par les machines qui gèrent les écrans.

Mais à la manière de Virilio, le philosophe dresse le sévère constat d'une régression culturelle véhiculée par le réseau des réseaux, proche d'un nouveau sabir sans jamais le nommer, en déclarant dans un entretien donné à *La Revue littéraire*[33] : « Si le sens de l'histoire, c'est la blogosphère, Internet et les jeux vidéos, il faut vraiment essayer

---

[32] http://passouline.blog.lemonde.fr/livres/2005/12/finkielkraut_ve.html
[33] *La Revue littéraire*, déc.2005, n°21, 256 pages, Editions Léo Scheer.

de faire dérailler le train ». Dans son ouvrage *Qu'est-ce qu'une route ?*[34], il livre sa conclusion : « Mais le problème actuel n'est pas un manque d'information : c'est de trouver la bonne distance vis-à-vis de l'information ».

Pour autant, n'est-ce pas une tentation plus élitiste de s'indigner que, le plus grand nombre ayant accès aux oeuvres, il risque de ne pas les comprendre dans toutes leurs dimensions ? Depuis quand un mauvais blog fait-il de l'ombre au bon ? Au contraire des politiques qui y ont trouvé un média témoin et auxiliaire de la vie participative, la blogosphère paraît épouvanter journalistes et intellectuels. Pourtant, les romans policiers n'ont jamais concurrencé l'oeuvre d'un Victor Hugo ou d'un Voltaire précurseurs, le premier estimant qu'« être contesté, c'est être constaté » et le second à la célèbre formule : « Je ne suis pas d'accord avec ce que vous dîtes, mais je me battrai jusqu'au bout pour que vous puissiez le dire ».

Le blog n'est pas réductible à la seule fonction et vision anthropocentriste dans le champ de la communication et de la sociabilité en ligne. Epiphénomène devenu phénomène de société, la blogosphère fonctionne sur le modèle d'un mass-média dépourvu d'instance dirigiste, proposant une vision proxémique de type *top-down* du régional au local, diffusé sur un mode *down-down* dans un métacanal inversé. « De sorte que ce n'est plus l'offre qui crée le public par le medium, mais la demande du public qui crée le mass-média. Ce qui renouvelle la vision mass-médiatique de la communication ».

Ainsi, lorsqu'un fait d'actualité s'apparente au local, *i.e.* à votre zone d'influence proche, le message entropique va se mettre à vivre de lui-même pour s'autoproduire et se régénérer autant que de besoin jusqu'à concurrence du nombre de ses lecteurs.

---

[34] FINKIELKRAUT Alain, *Qu'est-ce qu'une route ?*, Gallimard, Paris, 1996.

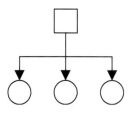

Mass-média

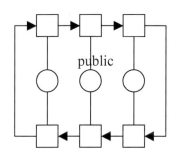

Blogosphère

public

Excroissance récente dans la cosmogonie polyphonique de la Toile, la blogosphère refaçonne au grand jour l'esprit *underground* des pionniers, en convoquant les ingrédients d'un anthropocentrisme intracommunautaire « *middleground* », sorte de dicible interstitiel entre l'invisible (*underground*) et le visible (*ground*).

Mass-média / public

émission

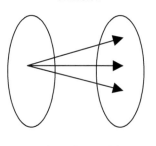

(non demande)

Blogosphère / public

émission-réception

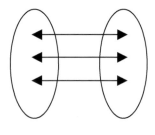

(demande)

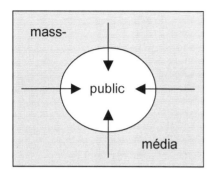

Activité du mass-média
(exosphère)

Exomorphisme non réflexif, non bijectif
(unidirectionnel)

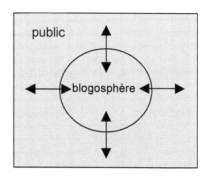

Activité de la blogosphère
(endosphère)

Endomorphisme réflexif et bijectif
(multidirectionnel)

Dans ce concert réticulaire communicant, les blogs émettent le postulat de connecter les gens là où le TCP/IP ou le HTML se limitaient à connecter les ordinateurs, les réseaux ou les documents. *Par* et *pour* ces communautés symbiotiques apparaissent les connecticiels au sens large de type *groupware* (*Internet appliances*), les outils de collaboration tels que les *wikis*, intranets et autres extranets jusqu'aux agrégateurs de contenus, pour former le vecteur inventif et créatif des réseaux sociaux (*social software*) à l'image de socialText, dont nous parlerons plus tard. C'est dans cette cosmopédie poétique que se dessinent les contours du paradigme communicationnel qui suit.

Chapitre 2

UNE COSMOGRAPHIE DE L'INTIME

Les technologies de l'intelligence comme moteur de réticularité

Pour entrer en contact avec la communauté des blogueurs, l'internaute va utiliser un moteur de recherche dédié. Technorati, par exemple, est l'équivalent blogosphérien de Google. Tous les deux poursuivent un but commun : celui de faciliter la recherche. Mais alors que Google enregistre Internet toutes les deux semaines pour découvrir ce qui a changé, Technorati fonctionne sur le principe de la promotion des écrits de celui qui publie. Chez le premier, le processus est inutilement lent car seul 1 % de ce qui est en ligne change. Google est fondé sur le principe d'une indexation systématique des sites sans l'accord préalable de leurs auteurs. Chez le second, Technorati optimise les ressources informatiques en mobilisant un minimum d'ordinateurs puisqu'il collecte uniquement des notifications (les fameux *pings*).

En d'autres termes, alors que Google sonde la botte de foin à la recherche de l'aiguille, Technorati utilise un aimant pour attirer l'aiguille et cet aimant est l'égo des blogueurs. Cet égo est l'écho du premier vrai grand public libre de la génération *open source* et *wiki* en réaction aux grands portails qui étouffent le web : les pages personnelles du grand public ne fonctionnent tout simplement pas en matière de communication, donc de circulation de l'information. Les premières d'entre elles apparaissent autour du résultat numéro 150.000 dans Google, loin derrière les sites commerciaux. L'extraordinaire volume d'information recelé par le web cache en fait sa propre banalité. Cette incommensurable masse de données est moins révolutionnaire que son accès. Un nouveau vecteur plus efficace était donc à inventer dans ce déluge informationnel pour métamorphoser la Toile en outil de communication locorégionale et transformer le cercle vicieux de la sérendipité en cercle vertueux de « l'informaticité ».

La technique du flux RSS (*Real Simple Syndication, Rich Site Summary*, sommaire de site enrichi) complète cette panoplie herméneutique en offrant au communaute blogueur un avantage de choix : transcender la sérendipité pour la contrôler. Tel un agent intelligent (*bot*) doté du pouvoir d'alchimie, le RSS va transformer le *quantitatif* en *qualitatif* en agissant comme un filtre pour extraire l'information recherchée du global au local dans une inscription dimensionnelle nouvelle. Cette modalité permet pour la première fois de *suivre* non pas ce qui existe sur la Toile, mais ce qui est *nouveau* (voir schéma *infra*). Nous sommes donc ici en présence d'un indicateur technosocial autogéré de premier plan pour une veille syncrétique permanente du Web, puisqu'elle s'affranchit du passé en l'*actualisant* afin d'entrer dans un monde persistant en temps réel, ou « sémiomonde ».

	Google		Technorati, RSS	
index	site		index	blog
1	xxxxxxxx		**1**	**xxxx**
2	xxxxxxxxxxxxxx			
3	**xxxx**			
N	xxxxxxxxxx			

Dans l'idiome de Shakespeare, ce procédé d'abonnement multiple et participatif est appelé la *syndication* par référence à la redistribution d'un contenu à une multitude de publications. Il ne s'agit pas d'une norme, mais d'une convention de structuration. A titre d'exemple, les courtes bandes dessinées (*strips*) parues dans le journal suivent ce principe. Informatiquement, le fil RSS permet de republier sur un site Web du contenu en provenance d'un autre site Web. Ce fichier, en mode XML, est converti en HTML pour être lisible : c'est ce qu'utilisent les agrégateurs de *news* ou lecteurs RSS qui, en outre, proposent des listes de flux RSS auxquels il est possible de s'abonner. Le fichier est le plus souvent généré automatiquement au fur et à mesure de la publication de nouvelles actualités, de sorte qu'il n'existe qu'un fichier RSS pour un site Web ou blog donné (il est toutefois possible de générer plusieurs fils RSS, un par rubrique du site par exemple, mais le principe reste le même). L'utilisateur désireux de tirer parti de ce contenu, c'est-à-dire de le syndiquer sur son propre site ou simplement consulter le fil d'actualités correspondant, n'a plus qu'à récupérer ce fichier RSS accessible par une URL unique. Le programme qui permet l'abonnement à ces fils Web pour en afficher correctement le contenu est appelé l'agrégateur. Ce logiciel peut être intégré dans l'interface d'un navigateur Internet, une messagerie instantanée ou un *mailer*. Il peut même filtrer l'information entrante en fonction de mots-clés choisis par le blogueur. Son usage massifié pourrait bien changer nos habitudes de consommation de l'information et offrir une alternative aux listes de diffusion (*mailing lists*) par mél.

L'intérêt pour le RSS est réel pour le webmestre blogueur comme pour l'internaute communaute. Pour le premier, proposer un flux de contenu en syndication est simple et de plus en plus automatisé par les outils de *blogging*. La méthode est notamment plus aisée à mettre en place qu'une *newsletter* par mél, et la gestion moins lourde (pas d'abonnement/désabonnement, l'utilisateur vient lui-même récupérer le flux RSS). Tout le contenu n'étant pas syndiqué, le RSS constitue donc un moyen de récupérer du trafic : l'utilisateur consulte les fils d'actualité et parvient au site d'origine en cliquant sur l'actualité recherchée.

Pour le second, le RSS ouvre une voie nouvelle en matière de consultation d'information en ligne. L'utilisateur peut en effet consulter très facilement les flux provenant de multiples sources d'information différentes. Il peut donc rapidement voir les sites mis à jour, et traquer ce qui l'intéresse, sans avoir à visiter chacun des sites (pour s'apercevoir fréquemment qu'ils n'ont pas été mis à jour). Le RSS est aussi un bon moyen d'éviter les (nombreux) désagréments des lettres d'informations : on ne donne plus son adresse mél, mais on va chercher une fois pour toutes l'URL du flux souhaité, et on le consulte après dans un lecteur RSS. Il est ensuite facile de supprimer ce flux en cas de déception. Enfin, contrairement au mél, le RSS rend impossible la diffusion de spam et de virus.

Le RSS permet donc de faire connaître les mises à jour de son site, sans *e-mailing* massif, mais juste de produire de manière automatisée le fichier RSS à chaque actualisation. Cependant, le flux est plus pauvre que la *newsletter* qu'elle ne remplace pas totalement puisque le diffuseur ne contrôle pas la présentation dans le référentiel de contenu. Mais la gestion des autorisations est assurée par l'utilisateur final, ce qui représente un véritable atout par rapport à une *newsletter* où la base abonnés est propriété de l'émetteur. En d'autres termes, les problématiques *opt-in/opt-out* (aussi dites *pull/push*) sont rendues quasi caduques dans le cadre du RSS ou du *podcasting* (lire plus loin), où l'abonné conserve la maîtrise complète de sa participation ou non à la relation avec telle institution ou entreprise.

Mais les *newsletters* étant des méls, elles souffrent de la pollution du *spam* qui en diminue la visibilité, quand il ne provoque pas tout simplement leur élimination. En outre, ces lettres d'information contiennent souvent du code HTML dont l'affichage par les logiciels clients de messagerie (*mailers*) peut être désactivé. Mais le RSS constitue un moyen de promotion d'un blog beaucoup moins contraignant qu'une *newsletter* : il faut peu de temps et de moyen pour mettre un tel flux en oeuvre. Les *weblogs*, par essence, fonctionnent sur l'échange de liens, et par extension de flux RSS, sur des thèmes communs. « Je blogue, donc je lie ». Mais ces flux peuvent aussi ne contenir que des liens pointant vers une image du jour par exemple, ou des liens vers une nouvelle entrée dans un catalogue, *etc.* Ils ne sont pas réservés à des articles ou des messages.

Ce changement de paradigme convoque donc un nouveau schème autour de l'émetteur, du message et du récepteur dans un espace contingent collaboratif : passer de la diffusion sans réflexion sur le récepteur à la construction d'un public et d'un rapport entre un émetteur et des récepteurs. En corollaire, il s'établit de nouvelles économies d'échelle qui modifient l'écologie cognitive dans l'espace et entraînent une vision du rapport entre l'échelle personnelle et l'échelle communautaire, incluant le choix de la langue, de valeurs et de références à partager. Donc un rapport au temps car une communauté de valeurs ne se construit pas en un jour. Le blog est le premier média grand public conçu *par* lui et *pour* lui, où la réflexion sur la demande et le public, comme les mass médias se la posent, est un choix conscient.

Cette différence est essentielle pour comprendre l'émergence du phénomène. L'avenir du réseau de réseaux n'est pas ce que nous ont fait croire les spéculateurs de la bulle, un canal d'information marchande, du commerce électronique à l'échelle mondiale, de la rationalité technique de la transmission de données. L'expression interpersonnelle et la communication intracommunautaire reprennent désormais leurs droits.

Le blog, malgré un substrat technique commun avec la page personnelle, se définit surtout par la représentation de son public. Sans ce dernier, une page web n'est qu'une information. Par analogie représentative, une communauté virtuelle sans socialité n'est qu'un monde virtuel désincarné. Un blog d'une communauté X n'est que de l'information (ou du bruit) pour une communauté Y.

Le rêve d'un lectorat mondial a donc peu de chance de se réaliser car il n'existe pas de public mondial. Chaque bulle, par sa taille et sa temporalité, n'est qu'une vague dans l'océan informationnel. La globalisation permettra seulement à certaines bulles de prendre de l'expansion, mais aucune n'englogera la planète. Alors que les mass médias instaurent une pensée unique post-événementielle, le blog restaure une pensée publique dans un expressionnisme proactif.

Agrégat idiosyncrasique et sémiotique d'objectivité et de subjectivité, la blogosphère est la somme des morceaux choisies de « choses lues » dans un réseau donné à un instant donné. Parce que « rien ne va de soi, rien n'est donné, tout est construit »

[BACHELARD], Internet est le réservoir d'idées de mondes pluriels, dont la blogosphère modifie la nature et la culture par la participation à ce nouveau savoir réticulaire. Les blogs, dans leur besoin d'achèvement comme dans leur principe, ouvrent sur un nouveau continent et une socialité nouvelle dont la formalisation des négociations de sens est prégnante dans la co-construction de la connaissance. Le *wiki* par exemple, en tant qu'outil formel et définitionnel, s'accomode bien de ce processus constructiviste des idées. L'être interprétant que je suis est transcendé par un principe sémiotique supérieur que l'on appelle la communauté. Quand la communauté s'est accordée sur une interprétation donnée, elle *crée* un signifié qui n'est pas à proprement parler objectif, mais bien *intersubjectif*. Cette interprétation *collective* est privilégiée par rapport à toute autre [PEIRCE]. C'est donc la communauté, d'où la cosmopédie *wiki* a émergé, qui lui confère sa valeur consensuelle en dépit des nombreuses lectures interprétatives de chacun des auteurs. C'est en cela que toute traduction est une trahison. Selon Littré, le *traducere* (traduire) est formé de *tra* (lit., au-delà) et *ducere* (lit., conduire), tandis que le *tradere* (trahir) se compose du *tra* et du *dare* (lit., donner). La frontière entre la traduction d'une pensée et sa trahison paraît donc bien ténue. Dans le langage ordinaire, ne dit-on d'ailleurs pas « donner quelqu'un, c'est le trahir » ? Le *wiki*, transcendant cet obstacle de la pensée, réussit l'insurmontable négociation de sens en créant *une seule* œuvre au travers de *plusieurs* auteurs, fort de ce nouveau corollaire énonciatif de la définition :

> « On néglige trop souvent ce fait remarquable que, dans le discours normal, quotidien, chacun comprend et produit des énoncés nouveaux sans aucune conscience de leur nouveauté » (CHOMSKY).[35]

La pensée derridienne[36] nous révèle que traduction et trahison sont toutes deux une forme de don qui se rejoignent dans leur commune impossibilité où chacune œuvre sans espoir de retour. N'y a-t-il pas là un symptôme que le statut du savoir change ?

---

[35] CHOMSKY N. et HALLE M., *Principes de phonologie générative*, Paris, Seuil, 1973.
[36] DERRIDA Jacques, « Qu'est-ce qu'une traduction "relevante"? », Quinzièmes assises de la traduction littéraire (Arles 1998), Arles, Actes Sud, 1999, p.25. Voir aussi « Des tours de Babel », Psyché, Paris, Galilée, 1987.

Les anciennes institutions, les médias traditionnels ou la Presse ne sont plus les seuls à promulguer la légitimité d'une connaissance. Ce savoir profane participe de la « *folksonomie* » de la matrice communautaire à grande échelle, comme le définit Adam Mathes dans son analyse critique du phénomène[37] :

> « *A folksonomy represents simultaneously some of the best and worst in the organization of information. Its uncontrolled nature is fundamentally chaotic, suffers from problems of imprecision and ambiguity that well developed controlled vocabularies and name authorities effectively ameliorate. Conversely, systems employing free-form tagging that are encouraging users to organize information in their own ways are supremely responsive to user needs and vocabularies, and involve the users of information actively in the organizational system. Overall, transforming the creation of explicit metadata for resources from an isolated, professional activity into a shared, communicative activity by users is an important development that should be explored and considered for future systems development.* »

Techniquement et conceptuellement, une fois le blog en place, il faut pouvoir le rendre *lisible* pour le rendre *visible* à la communauté (à l'aide des RSS notamment), soit un schéma de pensée inverse de celui des pages web. En transcendant la réflexion, la dynamique de cette technologie intellectuelle prend son inscription dans une intéressante analogie paradigmatique : celle de la théorie du chaos appliquée à la génération de textes en réseau. Le but est d'organiser toute l'information produite de façon à canaliser la réflexion. En concentrant ainsi les idées, le communaute blogueur espère faire jaillir une idée originale, qui sèmera de nouveau le désordre et orientera la discussion et la réflexion vers une tangente inédite. Une idée esquissée et computérisée par iText sur Mac, qui permet de développer une application en intégrant la démarche d'écriture et la publication dans le blog. Autrement dit, d'intégrer l'aspect multitâche du processus d'écriture. Car qu'est-ce qu'écrire ? L'écriture n'est pas qu'une juxtaposition de mots placés les uns derrière les autres pour former des phrases, pour elles-mêmes créer un texte, puis un corpus de textes. C'est un dispositif

---

[37] MATHES Adam, *Folksonomies - Cooperative Classification and Communication Through Shared Metadata*, Computer Mediated Communication, LIS590CMC, Université de l'Illinois, 2004.
http://www.adammathes.com/academic/computer-mediated-communication/folksonomies.html

cognitivo-génératif complexe, un processus conatif qui génère de nouvelles idées qui ne sont pas nécessairement mûres pour être développées sur-le-champ. Malgré cela, il faut pouvoir les conserver à portée de main pour y revenir plus tard.

Alors que les pages personnelles d'un site web sont l'expression d'un centre d'intérêt, d'une passion ou d'un savoir-faire où l'auteur, auxiliaire de la technique, disparaît au bénéfice de sa thématique, le blog en est l'exaltation scripturale et sociale, l'incarnation langagière par et à travers l'homme. Dans le premier cas, l'intervention humaine est le recours ultime (*webmaster*); dans le second cas, elle fonde sa légitimité en primant sur la technique. La page personnelle est objet du Réseau (4 % des visites) et projet (*work in progress*) en restructuration permanente, à l'ergonomie et au graphisme défaillants, au contenu à faible valeur ajoutée. Le blog est réseau d'objets (30 % des visites) et sujet (communauté) de contenu à forte valeur ajoutée.

Pensée communicationnelle et système d'écriture collaboratif

Dans « *Cher écran...* » *Journal personnel, ordinateur, Internet*, Philippe Lejeune[38] montre la façon dont la publication d'un journal en ligne transforme le processus d'écriture. Alors que le public d'un site web était un horizon lointain, le cyberdiariste va acter de son empreinte une communication de l'ordre de l'appel : sa publication tend la main à son lectorat, qui manifeste sa présence, répond et échange avec l'auteur.

Nourri par cette métamorphose narratologique, le blog mute comme un organisme vivant et réagit au gré des événements comme un électron libre, pour constituer des communautés intimistes. Dans cette cosmogonie polyphonique, le concepteur d'un tel site devient communicant, attribuant plus de place à son public face à la gestion du collectif et de l'événementiel. En introduisant de nouvelles possibilités de commentaires et des moteurs de mesure de cosmos, les outils modifient les pratiques éditoriales, favorisent les échanges avec le public, mutualisent les fils de penséeécriture (*threads*) en « lectacture » (art de la recomposition négociée), réorganisent l'écriture communautaire et réticulaire indépendamment du signe employé (image ou texte). Le statut du langage devient double, vernaculaire (page personnelle) et véhiculaire (blog), dehors-dedans, altermédiatique, « internaculaire ». La généralisation du haut débit accroît cette tendance à l'hétérogénéisation des objets, à la création de contenus et à sa densification.

Le blog, ce site personnel en réseau, est un avant tout un site communicationnel. Les puissants vecteurs d'instantanéité sont gouvernés par la communication événementielle en tant que le dialogue et la conversation ont besoin de la spontanéité pour exister. A ce titre, la matérialisation du blog se réalise au moyen du triptyque blog-RSS-agrégateur, qui permet de *faire sens* et *société* en produisant un *être ensemble* dans un même réservoir d'idées.

> « La prégnance du modèle de la communication de Shannon et Weaver, avec un émetteur, un message et un récepteur [est] très forte et se heurte à l'autre modèle, celui d'un réseau dans lequel il n'y a pas un mais plusieurs émetteurs, dans lequel il n'y a pas un mais plusieurs récepteurs et dans lequel le bruit de fond n'est plus une pénalité, une pénibilité, mais peut-être l'ensemble des interlocuteurs potentiels. »[39]

Les journaux intimes ont un fort pouvoir évocateur et les outils oeuvrent pour canaliser la profusion des idées *hic et nunc*. L'agrégation dite intelligente consisterait à combiner les fils de commentaires entre eux en fonction d'un certain nombre de critères, de façon à obtenir *e.g.* des classements de type thésaurus combinés à une organisation distribuée à seule fin d'expliciter la nature des relations entre tous ces contenus. En substance, déployer une dynamique conceptuelle de l'organisation.

---

[38] LEJEUNE Philippe, '*Cher écran*'... *Journal personnel, ordinateur, Internet*, Seuil, coll. Poétique, Paris, 2000.
[39] PERRIAULT 2001, p.38). PERRIAULT J., « Historique de la notion de réseau », *in* Actes du colloque *L'éducation et ses réseaux*, sous la dir. de Ferrero M., 2001.

L'effort d'adaptation des outils de collaboration ne doit cependant pas se faire au détriment de leur spécificité : la grande force des outils d'agrégation, c'est leur efficient miroir ontologique, reflet des valeurs et du désordre extérieurs (*cf.* théorie du chaos citée précédemment). L'adaptabilité doit donc être laissée entre les mains de leurs utilisateurs (*wiki, open source*) afin de ne pas comprimer une bonne partie du potentiel subversif nécessaire au changement de paradigme dont nous avons besoin pour développer la culture de réseau. Or, le cyberfolio focalise son intérêt sur le contenu et non sur le contenant. En méthodologie informatique et systémique, c'est en séparant le concept du support que l'on débride la pensée et s'ouvre sur de nouveaux champs de recherche.

Certains outils comme NetNews Wire Lite, Shrook ou iTunes offrent une approche organisationnelle encore embryonnaire. Ils permettent de prioriser le contenu de certains fils RSS et de les archiver dans des *smart groups* (bibliothèques) à l'aide de filtres. Mais il manque encore l'outil permettant de pouvoir associer des descripteurs personnels à chacun des éléments rapportés par l'agrégateur. Pour le blogueur, annoter ses blocs de construction dans sa propre réflexion serait une aide précieuse et un vecteur d'organisation conceptuel et personnel puissant, dans le double cheminement de sa pensée et de son écriture vers une lectacture incarnée (*laucteur* ou *wreader*).

> « La trace de l'écriture qui est conservée en mémoire par la machine n'est pas lisible par l'homme. Le support mémoriel de son écriture ne lui est donc désormais plus accessible. Pour la première fois de son histoire, l'homme ne peut lire un texte sans recourir à une machine, car la matière mémoire est par elle-même illisible. »[40]

Acter une lecture-écriture, c'est adopter une posture énonciative et de rencontre qui va redéfinir l'espace qui l'a fait naître et s'exprimer. A situations nouvelles, (re)définitions nouvelles. Tout à la fois spectateurs, auteurs et lecteurs, ces interacteurs créent de l'intercréativité en incarnant des postures de « spectacture » ou de

« lectacture » [J-L. WEISSBERG][41]. A la confluence de l'informatique et de la littérature, l'ingénierie auctoriale et lectorale (lecteur et auteur entretenant une interaction gémellaire) fusionnent :

> « Comme devant toute technique dont l'usage tend toujours à permettre l'autonomie de l'usager, la lecture du texte informatique invite à intégrer le mode d'emploi, à faire du lecteur le monteur-critique de la création littéraire. »[42]

L'une des clés du succès de cette entreprise de *writing process*, c'est bien de tirer profit de la force du groupe pour organiser cette masse d'information, avec une idée maîtresse récurrente et incontournable : l'intégration. Car ce n'est pas tant la publication que la manière de publier qui a pour effet de nous faire entrer dans des réseaux communautaires qui partagent nos propres centres d'intérêts et qui, par leurs réflexions, viennent alimenter (modifier) la nôtre. Par l'outil personnel, le futur blogueur passe du privé au collectif en accédant à un espace collaboratif *via* une forme de participation périphérique légitime, où il lui est loisible d'aménager son espace et définir ses catégories. De sorte que la communauté de valeurs ne se définit pas par le blog lui-même, ni par l'agrégateur, mais par l'intégration de l'un et de l'autre *via* les fils XML.

Ce n'est donc pas le résultat de la publication qui est intéressant, mais l'écriture communautaire en tant que processus de communication en ligne. Ce dont ne rendent pas compte tous les outils. Le blogueur écrit son billet parce que des personnes sont susceptibles de commenter ce qu'il fait et de l'aider à avancer dans sa démarche. La logique pertinente est de rendre publique l'écriture comme un processus constant déployé dans un espace où la réflexion est le fruit d'une négociation collective de sens,

---

[40] JEANNERET & SOUCHIER, 2002 p.100). JEANNERET Y., SOUCHIER E., « Ecriture numérique ou médias informatisés ? », pp.100-105, in *Pour la science*, Dossier Hors-Série « Du signe à l'écriture », octobre-janvier 2002.
[41] WEISSBERG J.L., *op.cit.*
[42] BALPE J.-P., « Une littérature inadmissible. », BPI, Conférence au Centre Georges Pompidou, Octobre 1996.

et où l'usage respectif des blocs de réflexion des internautes est soumis au jugement des pairs, au même titre que le résultat final de la démarche.

A contrario, l'utilisation seule des agrégateurs est d'un faible intérêt dans une démarche réflexive ou pragmatique. Si la quantité de contenu du flux est telle qu'elle ne permet pas d'interagir avec elle, il peut en résulter une perte progressive du lien avec la masse d'information entrante, jusqu'au sentiment de se sentir étranger à ce bouillonnement auquel on devrait s'insérer progressivement comme un acteur. Dans ce contexte, la *killer app* se trouve probablement dans les fils XML qui permettent de faire le pont entre l'espace personnel d'écriture-réflexion et l'espace collectif dans lequel l'écriture privée permet de s'intégrer.

D'autres outils mettent l'accent sur le contenant. Ceci a pour effet de faire entrer l'utilisateur dans un réseau de penseurs qui accompagnent le processus d'écriture (processus ouvert), mais sans offrir de véritable soutien à la rédaction proprement dite (Movable Type, iTexte). La clé réside peut-être dans cet interstice de la « gesture » située entre la rédaction (mettre en mots) et l'écriture (formuler des idées grâce à la rédaction qui devient un geste). Autrement dit, passer d'un *système de publication personnel* à un *système de rédaction personnel*.

On peut imaginer un agrégateur ayant recours à une base de données. L'outil ferait en sorte que chaque élément des fils XML auquel le blogueur est abonné tombe dans une base de données qui permettrait ensuite de les organiser *ad libitum*. Chaque élément serait associé à des projets, des documents ou des réflexions en cours de rédaction, annotable et archivable de manière ordonnée et catégorisée. Ce super agrégateur serait branché sur un système de rédaction qui, puisant dans les données organisées de l'agrégation, aiderait le blogueur à exprimer clairement ses idées et à les publier en ligne dans un espace réservé plutôt que dans un document local. Une fonction supplémentaire permettrait de diffuser, par fil XML, des informations sur la nature de l'organisation que chacun fait des éléments bruts de l'agrégation. Autrement dit, un indicateur informant le blogueur, dans son voisinage intellectuel, de la façon dont les communautes ont inscrit cet élément dans leur réflexion. On image alors un serveur central ouvert, hébergeant des communautes convertis au travail collaboratif et dans lequel les agrégateurs-organisateurs viendraient « reporter », *via* des fils XML, des informations sur l'organisation des idées de chacun.

A titre d'exemple, si Alain publie un texte et qu'Alex le classe dans ses « très intéressants » puis l'annote, et que nous fassions de même, pourquoi ne pas rassembler cette richesse à un endroit déterminé du web afin de voir que le texte d'Alain a été jugé intéressant par 3 personnes sur 5 et que la plupart des gens y ont associé les mots-clés suivants comme opinion pertinente ? La réassociation de fragments de textes collectifs à sa propre réflexion permettrait de reconstruire « l'arbre des idées » pour l'alimenter et en influencer l'évolution.

Pour l'instant, les blogs restent encore très individuels et individualistes. Lorsqu'Alain se rend sur le blog d'Alex, il est « chez Alex » ; inversement quand Alex va sur le blog d'Alain, il est « chez Alain ». Ceci pour montrer qu'une telle dynamique incite moins au travail collaboratif que d'autres outils. Si Alain soumet sur son blog des textes inspirés de ceux trouvés chez Alex et réciproquement, nous réalisons une interaction sociale à des fins d'apprentissage individuel et non l'interaction sociale à des fins de construction collective.

En suivant cette théorie de l'interstice, on pourrait réserver un espace mitoyen partagé plus communautaire, où les blogueurs seraient en capacité de travailler ensemble autour d'une table de travail commune dans le même espace-réseau. Chacun conservant son espace privé pour rapporter l'évolution des apprentissages respectifs des individuations.

La seconde vague de la publication personnelle est celle qui inclut les communautes qui ne veulent ou ne peuvent pas écrire, mais ont néanmoins des chose à partager.

Pour ajouter à la quête organisationnelle des échanges, il pourrait être pertinent d'énumérer en fin de billet les fils de discussion qui ont un lien indirect avec le sujet (par opposition aux liens directs intégrés dans le corps du texte). Enfin, dans la même dynamique, on peut concevoir l'ajout d'un indicateur de fréquentation au bas du billet à côté du « commentaire » dans une optique mémétique.

Pour l'étudiant, l'enseignant ou le chercheur, le blog est un support et un outil d'aide servant à tester des hypothèses, à projeter sa réflexion, à organiser ses idées, bref un jeu d'essai autant qu'un laboratoire de préformalisation et validation de celles-ci. Le blog est un moteur et producteur de potentialités, un générateur herméneutique manipulateur d'objets, ouvrant sur des pistes explorables immédiates, des champs d'étude sujets à publications et évaluations.

La révolution vidéo : outil didactique de la « réseaulution »

A travers cette tendance à l'incarnation littéraire et épistolaire, discursive et phatique, la combinaison de la technique, de l'homme et des usages va donner naissance à un holisme : l'ontologie communicationnelle de l'internaute en perpétuelle re-présentation. A ce stade de l'exosphère, l'ordinateur encore dépourvu de substrat sémiotique représente le degré 0 de ce « métanet » en devenir, sorte d'exomonde en marge d'Internet.

Ainsi la première page personnelle de l'internaute est-elle le degré 1 de la présentation de soi, qui donne à voir l'échantillon de son savoir-faire. Le signifiant et le signifié font écho au contenant et au contenu mis en ligne. Vient ensuite l'interaction avec le réseautisage, qui se déploie au moyen de transmetteurs, notamment des moteurs de recherche spécialisés, pour assurer le liant électronique entre les communautés naissantes. C'est l'avènement du degré 2 de l'ontologie communicationnelle avec la famille des communautés textuelles.

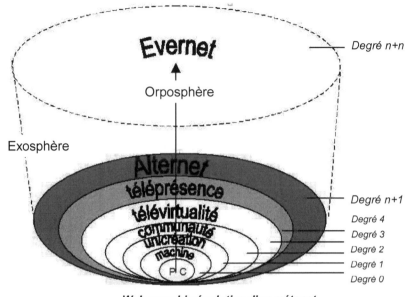

Webographie évolutive d'un métanet

L'étape suivante, qui superpose *ad libitum* les strates précédentes, convoque une représentation réelle ou fictive du communaute au cœur du dispositif réticulaire, dont les jeux en réseau massivement multijoueurs (MMO) sont les catalyseurs dans leur version vidéoludique et leur transfiguration autant que leur préfiguration. Cet espace de télévirtualité est le degré 3. Dans ce continuum cinesthésique, le communaute va expérimenter le passage de la transposition de soi à la présence à distance. C'est le règne de la téléprésence modifiée de degré 4.

Dès lors, le communaute migre dans le monde de l'image habitable de degré n+1. Cet espace interstitiel où l'altérité prend corps est celui de l'« alternet ». A la marge de cette zone paradigmatique bouillonnante, le proto-utilisateur va aussi profiter de la mise en réseau de la « machine univers » [P.LEVY, 1987] pour faire émerger du vide entropique la notion d'objet réticulaire persistant ou ORP [BEAU, 2003]. Ce nouvel espace objectivable de degré n+n jette les bases de l'« orposphère », un Internet des objets qui préfigure l'émergence de la réalité augmentée.

La « virréalité » englobante de ces *meta*-univers (métavers), vers laquelle converge imperceptiblement l'expérimentateur, dessine les contours d'un nouveau continent : l'« Evernet ». On estime que cette *terra incognita* aux horizons prométhéens résulte de la somme de toutes les instances qui ont façonné l'homme connecté.

Au reste, pour le chercheur Stephen Downes, le blog constitue au plan didactique un support réflexif plus productif que l'ensemble des productions académiques et universitaires. Dans son « *edublog* » primé en 2005, il publie chaque jour le « *OLDail* », une sorte d'*e-thesaurus* à entrées commutées ou « *meta-transcorpus* » dans lequel il aborde les derniers développements de son domaine au bénéfice de ses lecteurs. Downes formule l'hypothèse que cette forme de contribution est plus salutaire à l'enrichissement des connaissances que les publications spécialisées. A la question « Préféreriez-vous me voir consacrer le même temps à produire une demi-douzaine d'articles universitaires de qualité ou que je continue à publier mon bulletin en ligne ? », toutes les personnes ayant répondu optèrent pour le bulletin en ligne.

Les journaux communautaires évitent le problème de dispersion (*scatter problem*) car ils sont les catalyseurs de la formation de nouvelles communautés de chercheurs. Chaque participant construit son propre réseau social personnalisé et, par un effet de réseau (*network effect*), va produire une multitude de micro-communautés, comme le montre Douglas Bennett dans « *New Connections for Scholars* »[43].

Le sens devient à son tour un *intra*-ORP, se construit de façon individuelle, puisque que chacun se construit son sens, et parallèlement le sens se construit collectivement. La construction se réalise donc à deux niveaux : au niveau du groupe – tout le monde doit avoir un but commun (le partage par exemple) – et au niveau de l'individu, qui doit jouer un rôle dans cette communauté.

---

[43] BENNETT Douglas C., « New Connections for Scholars », American Council of Learned Societies, Occasional Paper No. 36, 1997.

La notion de sens est prise dans sa conception multidimensionnelle. A l'arbitraire saussurien du signifiant fait correspondre un signifié où le même objet a, certes, une signification personnelle, mais aussi une dimension naturelle et sociale. Par surcroît, il possède surtout un métasens qui naît du jeu de l'interaction de toutes ces dimensions. On peut aussi objecter l'arbitraire des résultats qu'une telle entreprise peut produire. Il y a donc à tous les niveaux un certain degré d'arbitraire dans la fixation du sens, dans sa traduction et sa transmission. Avec l'image, on *entre* dans l'arbitraire du signifié.

Les blogs, dans la construction de sens, en favorisent néanmoins l'épanouissement, notamment à visée pédagogique. En ce *sens*, ils jouent le rôle de catalyseur et produisent un effet d'« *affordance* » comme le suggère Gibson[44].

Ils incitent non seulement à la réflexion personnelle, mais les commentaires ajoutent une dimension sociale qui élargit le sens originel. Cette socialisation est un « effet de réel » car elle est diluée dans la création des nombreuses significations personnelles. Ce ne sont naturellement pas les blogs qui actent et opèrent, mais les intentionnalités de la personne qui encadre la démarche qui facilite la négociation de sens. Si « l'enseignant véritable n'est pas celui qui a le plus de connaissances, mais celui qui amène le plus grand nombre à la connaissance » (Neale Donald Walsh), le blogueur établit et suit ce postulat dès sa conception. Le blog *est* outil de partage et de don vecteur d'épistème; mal utilisé, il peut produire du *contre-sens*.

La blogosphère permet l'agrégation et le réseautisage persistants entre communautés de valeurs, de pratiques et de recherche d'horizons divers vers une complétude cognitive. Son corollaire est son ciment, soit un cheminement social et intellectuel par-delà les communautés d'origine. Elle dessine les contours d'une nouvelle écologie empirique de l'information et de l'éducation, qui n'est plus orientée vers la production de longs corpus stricts, mais de brefs corpus génératifs ouverts, seul le genre limitant

---

[44] GIBSON James J., *The Ecological Approach to Visual Perception*, Lawrence Erlbaum Associates Inc, 1979, Mahwah, NJ.

l'expression de la pensée. A cet égard, la blogosphère n'est pas la noosphère, mais une sous-branche de celle-ci.

De même, le vocabulaire et la tonalité des phrases employées par les blogueurs sont bien souvent plus incisifs que les articles de presse écrite. La sémantique, les usages, le rapport au texte et à l'auteur, la proximité, l'immédiateté et la teneur des blogs fondent leur spécificité et, par voie de conséquence, leur succès. Les lecteurs tolèrent une impertinence sur la Toile qu'ils ont du mal à accepter par écrit. Le médium est à la fois alternatif et complémentaire, le creuset discursif d'usages émergents. La fascination résulte de sa diversité : le blogueur peut choisir le ton de la provocation, lancer des pistes de réflexion, des débats, faire se rencontrer des mondes inattendus, *etc.* Toute chose vouée à l'échec dans le cadre d'une publication scientifique classique. Certes, le blog ne remplace pas l'article d'érudition, mais il fournit un espace de liberté particulièrement propice à la pensée créative. Il est, en un sens, la transposition du concept des conférences de consensus appliquée à l'écrit d'écran en réseau, dans un même continuum espace-temps, icônisé et médiaté par ordinateur.

Le blog doit donc son succès à une technologie de diffusion aussi simple qu'efficace, le flux RSS (inspiré à l'origine par Netscape). Mais une autre technique fonctionnant sur le même modèle fait souffler un véritable vent de folie outre-atlantique, suscitant de multiples articles dans les grands médias et l'organisation de conférences. Elle a pour nom le « *podcasting* », néologisme formé du nom iPod, le baladeur numérique d'Apple, et de *broadcasting* (diffusion). Littéralement, ce procédé permet d'alimenter un iPod en contenu de façon régulière. Mais cette étymologie masque largement le principe et l'intérêt du podcasting. D'abord parce que celui-ci s'applique à tous les baladeurs sans exclusive; ensuite, parce que l'élément central du podcasting n'est pas tant le baladeur que l'utilisation du format RSS. Dans une définition plus large, le podcasting désigne donc l'ensemble des technologies permettant d'adjoindre à des fils RSS différents types de contenus multimédias, en vue de leur diffusion.

Développé par deux blogueurs spécialistes de la syndication RSS, Adam Curry et Dave Winer, le *podcast* a jeté les base du concept bloguien. En juillet 2004, la première application donnant sens au concept est apparue sous le nom de iPodder, laquelle permettait de récupérer sur son iPod des morceaux de musique en MP3 joints aux billets publiés sur les blogs. La blogosphère s'est immédiatement emparé du concept avec le succès que nous connaissons. Six mois après l'apparition du mot « *podcast* », Google en indexe 1,7 million d'occurrences sur la Toile et 1,2 million pour « *podcasting* ». Aujourd'hui, près d'une vingtaine d'outils en revendique la fonction. Comme pour les blogs, il est possible d'informer un site dédié de la publication d'un nouveau podcast. Le site audio.weblogs.com affiche en permanence les 100 derniers podcasts disponibles et permet de confirmer que le nombre de « podcasteurs » croît quotidiennement (actuellement plus de 200 nouveaux podcasts par jour). L'évolution est redoutable : le nombre de fils RSS utilisés pour du podcasting double chaque mois.

Le principe de fonctionnement de cet ORP est le suivant. Un blogueur publie un billet sur son blog auquel il joint un fichier (le plus souvent audio). L'outil de blogging utilisé pour alimenter le blog va inclure l'adresse du fichier audio dans le fil RSS du blog *via* des *plugins* spécifiques. A l'autre bout de la chaîne, l'utilisateur doit disposer d'un lecteur RSS particulier qui, en plus de lire les flux, sait reconnaître, télécharger et décoder les fichiers qui y sont attachés (*enclosures*). L'utilisateur ne « lit » plus des billets, mais accède ainsi à une sélection de programmes audio correspondant aux fils RSS des blogs auxquels il s'est abonné, et qui sont régulièrement mis à jour par les blogueurs-diffuseurs. S'il dispose en outre d'un baladeur MP3, ces programmes audio lui sont automatiquement transférés, et l'utilisateur peut donc emporter avec lui plusieurs heures de musique ou d'émissions nouvelles correspondant à sa sélection, qu'il pourra ensuite écouter à l'envi où bon lui semble.

En France, plusieurs initiatives ont vu le jour notamment sous la houlette d'un ancien journaliste radio, Bertrand Lenôtre, qui diffuse plusieurs fois par semaine sur un blog créé à cette fin, « Le Podcasteur »[45], des émissions courtes composées de musique, de chroniques et d'interviews de personnalités du monde de la communication et des blogs. Citons aussi le site Arte-radio[46], qui diffuse une multitude de programmes sonores originaux.

Le concept est fort car il se prête à de multiples usages. Le plus immédiat d'entre eux serait sans doute de faire évoluer un blog existant vers une sorte de radio personnelle. Ces radios à la carte constituent autant de moyens pour un blogueur de tenir son journal et d'enrichir le contenu proposé, tout en s'appuyant sur les fonctionnalités de l'outil de blog utilisé, donc sans grande modification apportée au site. On a tout lieu de penser que le panel des possibles va s'élargir pour investir des thématiques beaucoup plus vastes et variées comme la technologie, l'art, le sport, l'actualité, le sexe, les jeux, la culture, la politique, *etc.* Le spectre est large et la liste, infinie :

> « Les podcasteurs vont traiter des thèmes que ne traitent pas les radios parce que non porteurs d'audience en diffusion classique et unique. Grâce aux liens RSS et au maillage de la Blogosphère, le sujet le plus pointu pourra finir par toucher sa cible et fidéliser quelques centaines ou milliers d'internautes » prédit Bertrand Lenôtre.

Un grand nombre de blogs ont été créés exclusivement dans le but de diffuser des podcasts et proposer des chroniques régulières, le plus souvent sur un thème donné. Par exemple, le très populaire « *The Skinny on Sports* »[47] aux Etats-Unis publie une fois par semaine des émissions de 10 minutes sous la forme « d'un résumé de ce qu'il faut retenir de l'actualité du sport » (*sic*).

Dans le même genre, l'émission américaine « *Reel Reviews* »[48] produit et diffuse des podcasts consacrés au cinéma. Les programmes se composent soit de critiques de

---

[45] http://podcasteur.com
[46] http://www.arteradio.com
[47] http://www.skinnyonsports.com
[48] http://www.mwgblog.com

films d'une dizaine de minutes, soit d'analyses approfondies d'une trentaine de minutes destinées aux cinéphiles et portant sur les classiques du 7ème art.

En France, le blog Incipit[49] propose ainsi des lectures de classiques de la littérature ou de livres plus récents, diffusées en MP3 *via* des podcasts réguliers.

> « Les oeuvres lues en intégralité font partie du domaine public ou bien sont distribuées sous licence Creative Commons; pour le reste, nous ne lisons que des extraits, qui peuvent donner envie d'acheter le livre », précise le podcasteur.

Comme les blogs, le podcasting autorise une diversité thématique infinie et favorise l'émergence de « nano-radios » ultra spécialisées, par analogie avec le « *nanopublishing* » (ou « nanopublication », qui définit le concept de publication personnelle spécialisée développé sur les blogs). Mais le concept peut encore s'étendre et, lorsqu'il touche à la musique, laisse présager l'émergence de nouvelles formes de diffusion et de distribution. La logique consistant à diffuser de la musique sur les blogs n'est cependant pas nouvelle. Elle correspond même à un sous-ensemble très actif de la blogosphère, regroupé sous le terme générique de MP3 blogs. Ceux-ci se présentent comme des blogs traditionnels consacrés à la musique, mais proposent souvent en téléchargement des morceaux de musique. Les billets sont le plus souvent assortis de liens vers le site officiel de l'interprète ou du producteur, ou vers des boutiques en ligne permettant d'acheter l'album correspondant. L'idée est donc bien de faire connaître des artistes et de donner son avis sur leur production musicale. Le risque est de voir les blogs se transformer en plates-formes de téléchargements illégaux, même si leurs blogueurs-diffuseurs soutiennent l'idée que les fichiers disponibles en téléchargement le sont pour une durée limitée.

Mais la blogosphère, en général, et cette frange de blogueurs, en particulier, développent les mêmes propriétés socio-comportementales en environnement partagé multiparticipants que leurs homologues en mode P2P : le podcasting constitue un moyen particulièrement efficace d'échanger des fichiers. Factuellement et techniquement, il pré-légitime le concept de « *Peer-to-Peer* » en réunissant des individus au sein d'un même espace cybernétique pour diffuser de la musique à destination d'autres utilisateurs qui partagent les mêmes goûts. Le tout sur simple abonnement à des fils RSS leur permettant de « remplir » leur baladeur numérique de musique téléchargée gratuitement.

Certaines applications de ces variantes *light* du P2P permettent en outre de créer en retour ses propres fichiers en mode « *torrent* »[50] pour rediffuser tout ou partie du contenu téléchargé. Cette communauté de blogueurs-podcasteurs nécessitant quelques prérequis techniques, elle reste pour l'instant assez confidentielle, tandis qu'émerge déjà un nouvel ORP : le « vidéoblog ». Le logiciel Ant illustre cette tendance devenue déjà réalité outre-atlantique.

Les premiers lecteurs RSS dédiés à la vidéo ont fait leur apparition se présentent sous la forme d'une application facilitant la consommation de « *chaînes télévisées personnelles* ». Chaque « TV-podcasteur » disponible apparaît dans une fenêtre dédiée, tandis qu'une autre établit la liste mise à jour permanente des programmes vidéo proposés par le blogueur concerné dans son fil RSS. Un simple clic et la vidéo s'affiche au centre de l'écran, permettant à l'utilisateur de créer sur mesure un programme composé exclusivement de « chaînes TV amateur ».

> « J'ai la sensation que la véritable explosion du principe de téléchargement podcasting touchera l'image. Avec sa petite caméra numérique, chacun devient aujourd'hui le reporter d'images de sa communauté. L'image est le vrai langage des jeunes. Les télévisions brillent par leur indigence et leur décalage grandissant avec les réalités de nos sociétés. Trois raisons, parmi d'autres, pour que la concurrence en termes d'images devienne féroce dans les prochaines années », estime Bertrand Lenôtre.

---

[49] http://incipitblog.free.fr
[50] *torrent* : système de diffusion de fichiers par reroutage d'adresses URL (raccourcis) du logiciel BitTorrent inventé par Bram COHEN.

Pour l'instant, ces communautes « vidéoblogueurs » comptent seulement quelques centaines d'individus disséminés à travers le globe. Mais cette symbiose techno-sémiotique pourrait bien annoncer les prémisses d'un nouveau média gratuit, personnel et à la carte, susceptible de renouveler le genre « TV réalité » sur un segment de plus en plus concurrentiel. En milieu entrepreneurial, l'*opt-in* avait donné naissance au « *permission marketing* » pour diffuser à grande échelle des messages et offres publicitaires ciblés sur un profil d'internautes. Gageons que le RSS et la formidable extension d'usages qu'apporte le podcasting engagera davantage l'entreprise dans de véritables stratégies relationnelles pour s'affranchir progressivement d'un ton « *corporate* », au profit d'une prise en compte accrue des facteurs cognitifs et émotionnels propres à chacun de ses clients potentiels.

En substance, le RSS est porteur de nouvelles promesses aux enjeux économiques, sémiotiques et sociétaux capables de « produire de l'intelligence » à la carte et à l'envi ; une manière de *propagandiser* le futur. « Le RSS rend possible la promesse d'un Web plus intelligent et moins contraignant, personnalisé en fonction des besoins de chaque internaute. En outre, en se généralisant, prophétise Cyril Fiévet, le RSS peut s'ouvrir à de multiples applications, et pas seulement aux fils d'actualités proprement dits : on peut imaginer que dans un avenir proche, programmes TV, prévisions météo, informations boursières ou autres *best-of* soient publiés dans ce format, devenant ainsi un nouvel "esperanto du Web". »

CONCLUSION : LE JEU SERA *ON LINE* OU NE SERA PAS

« La meilleure façon de prévoir le futur, c'est de l'inventer »

Devise du Palo Alto Research Center (PARC),
Centre de Recherche de Xerox.

A situation nouvelle correspondent des aptitudes sociales nouvelles. Mais les incertitudes comme les promesses sont innombrables face à ces nouveaux défis technologiques en prélude à ce nouveau rapport sociétal.

A l'instar des pionniers de l'Internet – le seul système anarchique au monde qui marche – les utilisateurs libres pourront créer leurs propres logiciels libres et culture. Les futurs citoyens des cybermondes, dotés des outils et de la liberté d'action nécessaires, vont développer de nouveaux paradigmes en matière d'information et de communication. Ainsi l'informatique de demain va-t-elle modifier nos comportements, enrichir notre connaissance et nous amener à communiquer autrement avec le reste du monde. A la différence des précédentes, la révolution qui est en marche ne marquera pas la remise en cause des acquis assujettis à l'anéantissement des valeurs immémoriales de notre patrimoine culturel, mais elle modifiera la nature de sa représentation. Chaque fois que nous changeons de système d'écriture, nous changeons de système de représentation.

Le jeu en réseau est la meilleure illustration de ce que va engendrer cette révolution culturelle puisqu'il a été le révélateur des immenses possibilités de ces programmes interactifs, collaboratifs et immersifs. Si l'on considère qu'une application multimédia est un logiciel exploitant des images (animées ou non), du son (musiques ou bruitages), et dont l'utilisateur peut modifier le déroulement de manière interactive, alors les jeux sont de réelles applications multimédias et ce, depuis les premiers jeux.

« L'informatique est en réalité une sous-branche du cinéma », ajuste Ted Nelson. Or, l'évolution du jeu est comparable au cinéma : apparaît d'abord le muet, le noir et blanc, puis la voix et la couleur. Aujourd'hui, le numérique et le Réseau. Avec le téléphone mobile, on se met à imaginer l'émergence d'un monde où tout le monde jouerait tout le temps, grâce à ce terminal universel, léger et bon marché. Ces médias d'expression donnent la parole aux utilisateurs, leur permettant de libérer leur passion et leurs pulsions.

En l'état actuel de nos connaissances et de nos pratiques, les systèmes informatiques fonctionnent sur le modèle de la gestion d'événements et n'autorisent qu'un nombre limité d'actions. Quelles possibilités seront offertes à l'utilisateur s'il vient à disposer d'un nombre de choix infinis ? Serons-nous capables de garder nos distances face à une information déversée dans nos cortex de haut en bas, sélectionnée selon les lois implacables du marché mondial de l'électronique ?

Avec la *réalité virtuelle*, l'ambition est plus grande puisque tout peut bouger simultanément. Des gants ou des lunettes sensorielles aux métavers, la réalité virtuelle va rendre l'image *habitable*. Dans le grand laboratoire des jeux vidéo se développe déjà la numérisation des odeurs. Avec les jeux vidéo odorants, le jeu continue son exploration des nouveaux supports et des nouvelles technologies pour s'intégrer dans la vie sociale.

L'intelligence collective est-elle la promesse d'une socialisation cognitive ? Que serait une civilisation de téléprésence généralisée où l'espace tout entier serait un canal interactif ? L'espace cybernétique a-t-il le potentiel de transformer l'humanité ? Y aura-t-il superposition du numérique et du vivant ?

A cet égard, le débat n'est même plus de savoir si nous y arriverons. Quoique purement prospective, la vraie question est : comment ? Par voie chimique (cachets, injections, sommeil artificiel, *etc.*) ou par prothèse (greffe, implants, trodes, bioconnexions, *etc.*) ? Au même titre que « l'écrit de l'écran deviendra une prothèse des capacités de communication humaine », selon Jean-Pierre Balpe, directeur de recherche à l'université Paris 8, les nouvelles technologies de réalité virtuelle en ligne ouvrent des horizons vertigineux à tous ces personnages de bio-fiction des jeux immersifs.

Pour l'heure, tout contenu sur disque dur peut être mis sur le Réseau. Comme l'inverse n'est pas possible, c'est le *on line* qui gagnera. Il appert que les jeux en réseau marquent l'ère du « cybertissement », inéluctablement, dans l'attente de franchir cette faille épistémologique dans laquelle nous serons (dans) le jeu.

* *

*

BIBLIOGRAPHIE

ALBERGANTI Michel, *Le multimédia - La révolution au bout des doigts*, Le Monde-Marabout, coll. Poche n° 8662, Paris, 1996.

ARCHAMBAULT Jean-Pierre, *De la télématique à Internet*, CNDP Paris, 1997.

BALLE Francis, *Médias et Sociétés: de Gutenberg à Internet*, 8e édition, Montchrestien, coll. Domat, Paris, 1997.

BALPE Jean-Pierre, LELU Alain, PAPY Fabrice, SALEH Imed, *Techniques avancées pour l'hypertexte*, Hermès, Paris, 1996.

BARBOZA Pierre, *Les nouvelles images*, coédition Cité des sciences et Somogy, Paris, 1998.

BARRY John A., *Technobabble*, MIT Press, 1991.

BÉLANGER Pierre C. et BACHAND Denis, « Premier tour de piste sur l'autoroute électronique », *Les autoroutes de l'information. Un produit de la convergence*. Actes du Symposium international, sous la direction de Jean-Guy LACROIX et Gaétan TREMBLAY, Presses de l'université du Québec, 1995.

BELIN Olivier, *Le multimédia*, Hachette, coll. Qui ? quand ? quoi ? n° 27, Paris, 1996.

BERNAT Cécile, *Les autoroutes de l'information : un défi pour les libertés*, LGDJ, Paris, 1997.

BERTOLUS Jean-Jérôme et De la BAUME Renaud, *La révolution sans visage - Le multimédia : s'en protéger l'apprivoiser en profiter*, Belfond, Paris, 1997.

BOUGNOUX Daniel, *La communication contre l'information*, Hachette, Paris, 1997.

BRETON Philippe, *L'utopie de la communication*, La Découverte/ Poche coll. Essais n° 29, Paris, 1997.

CASTELLS Manuel, *The rise of the Network Society*, tome 1, *L'ère de l'information*, traduit de l'anglais par Philippe DELAMARE, préface d'Alain TOURAINE, Fayard, Paris, 1997.

GATES Bill, *The Road Ahead*, Penguin, États-Unis, 1995, *La route du futur*, Robert Laffont, traduit de l'américain par Yves COLEMAN, Guy FARGETTE, Michèle CARÉNE et Léon MERCADET, 1997.

GIBSON William, *Le neuromancien*, 1984, J'ai lu, Paris, 1992.

GIBSON William, *Idoru*, 1996, J'ai lu, Paris, 1998.

GUÉDON Jean-Claude, *La Planète cyber-Internet et cyberespace*, Gallimard, coll. Découvertes n° 280, Paris, 1996.

HABERMAS Jürgen, *La technique et la science comme idéologie*, Gallimard, coll. Tel, Paris, 1990.

HUITEMA Christian, *Et Dieu créa l'Internet*, Eyrolles, Paris, 1996.

JEANNENEY Jean-Noël, *Une histoire des médias : des origines à nos jours*, Seuil, Paris, 1996.

LÉVY Pierre, *La machine Univers. Création, cognition et culture informatique*, coll. Points-Sciences, Seuil, Paris, 1987.

LÉVY Pierre, *Les technologies de l'intelligence. L'avenir de la pensée à l'ère informatique*, Seuil, coll. Points, Paris, 1990.

LÉVY Pierre, *L'idéographie dynamique. Vers une imagination artificielle?,* La Découverte, Paris, 1991.

LÉVY Pierre, *L'intelligence collective - Pour une anthropologie du cybererspace*, La Découverte, Paris, 1994.

LÉVY Pierre, *Qu'est-ce que le virtuel?,* La Découverte, Paris, 1995.

LÉVY Pierre, *Cyberculture*, Rapport au Conseil de l'Europe, Odile Jacob, Paris, 1997.

LÉVY Pierre et AUTHIER Michel, *Les arbres de connaissances*, La Découverte, Paris, 1992.

MOLES Abraham, *Théorie structurale de la communication et société*, CNET-ENST Masson, Paris, 1988.

MUCCIELLI Alex, *Les Sciences de l'information et de la communication*, Hachette, coll. Les fondamentaux, Paris, 1995.

MUSSO Pierre, *Télécommunications et philosophie des réseaux. La postérité paradoxale de Saint-Simon*, Paris, 1997 (préface de Lucien Sfez).

NEGROPONTE Nicholas, *L'homme numérique*, Robert Laffont, Paris, 1995.

PUIMATTO Gérard et BIBEAU Robert *et al, Comment informatiser l'école*, CNDG Paris, 1997.

RICHAUDEAU François, *La lisibilité*, Retz, Paris, 1969.

RICHAUDEAU François, *Lecture et écriture*, Retz, coll. Actualités des sciences humaines, Paris, 1977.

ROSNAY Joël (de), *L'homme symbiotique*, Paris, Seuil, 1995.

RUELLAN Denis et THIERRY Daniel, *Journal local et réseaux informatiques*, L'Harmattan, coll. Logiques sociales, Paris, 1998.

RUHLMANN Dominique, *Internet mode d'emploi pour l'enseignement*, Centre régional de documentation pédagogique de Bretagne, Rennes, 1997.

SALE Kirkpatrick, *Rebels against Future : the Luddites and their war against the industrial Revolution - Lessons for the Computer Age*, Addison Wesley, mars 1995.

TURKLE Sherry, *Life on the screen : Identity in the age of Internet*, Simon and Schuster, 1995.

VIRILIO Paul, *Cybermonde ou la politique du pire*, éd. Textuel, Paris, 1996.

VOGE Jean, *Le complexe de Babel - crise ou maîtrise de l'information ?*, CNET-ENST, Masson, Paris, 1998.

WADE Philip et FALCAND Didier, *Cyberplanète*, Autrement, coll. Mutations, Paris, 1998.

ANNEXES

Panorama des plates-formes de jeux en réseau

- *Sites des Tournois de jeux en réseau*

    Nexen de Lille : www.nexen.fr.st

    Games Fed Cup 2001: cs.games-fed.com

    LAN Arena : www.lan-arena.com

- *Quelques références complémentaires*

    L'association des salles de jeux en réseau : www.asjr.com

- *Jouer A Plusieurs sur Internet et en Réseau (JAPIR)*

    membres.tripod.fr/DareDevil/Presentation.htm

- *Les plates-formes de jeux*

    Serveur gratuits

GOA	Battle.Net	Heat.Net	OceanLine
www.goa.com	www.battle.net	www.heat.net	www.oceanline.com
			Abonnement: gratuit
			pour abonnés Infonie

NetStadium	Wireplay	GameSpy	MSN Gaming Zone
www.azursoft.fr/	www.wireplay.co.uk	www.gamespy.com	www.zone.com
stadium			

ZoneJeux	Flipside	Won	Gameloft
www.zonejeux.com	www.flipside.com	www.won.net	www.gameloft.com

Serveurs payants

Engage	Kali	Simultronics	The Arena
www.gamesonline.co	www.kali.net	www.play.net/	www.thearena.com
	(20$ US)	simunet_public/	
		default.asp	

GameStorm	OceanLine	Ten	DreamArena
www.ariesgames.com	www.oceanline.com	www.ten.net	www.dreamarena.com

- *Les principaux jeux en ligne par catégorie*

  Action : Quake III Arena, Half-Life, Tomb Raider, Unreal, Nox, Mech Warrior, Deus

  Stratégie : Mankind, Age of Empires/Kings, Caesar, Starcraft, Civilization, Sim City

  Réflexion : Chessmaster, Creatures, Lemmings, Oxyd, Gruntz, Pandora, Pinball, Othello

  Course : Grand Prix, F1, Motocross, Superbike, Rally, Carmaggedon, Insane, Midtown Madness, NFS, Nascar, Moto Racer, Toca, Test Drive, Pod, V-Rally, Viper Racing

  Sport : FIFA, UEFA, Links, NHL, NBA, PGA, Virtual Pool, Virtual Skipper

  Simulation : Grand Prix, Legends, Pods, V-Rally, FIFA, Toca, Midtown, Madness

  Aventures : The Nomad Soul, Faust, Escape from Monkey Island, Atlantis

  Rôles : Ultima Online, Everquest, Asheron's Call, Ubik, Final Fantasy, Silent Hill, Nox, Baldur's Gate, Asheron's Call, Diablo, Venise, The Realm, Lands of Lore, Wizards

- *Quelques jeux communautaires*

  Majestic (Electronic Arts) : www.majestic.ea.com/navs_main_mark.html

  Ultima Online (Electronic Arts/Origin) : www.uo.com

Everquest (Sony/Verant) : www.station.sony.com/everquest

Asheron's Call (Microsoft/Turbines) www.asheronscall.com

La 4e Prophétie (Vircom/Goa) : http://prophetie.goa.com

BigWorld (Micro Forté) : www.microforte.com.au

Cryopolis (Cryo Networks) : www.cryopolis.com

Venise (Cryo Networks) : www.venise.net

Mankind (Cryo/Vibes) : www.mankind.net

Le Deuxième Monde (Canal Numédia) : www.2monde.com

Alphaworld (Activeworlds) : www.activeworlds.com

The Palace (Cybertown) : www.cybertown.com/palace.html, www.thepalace.com

Worldsaway (Fujitsu) : www.worldsaway.com

- *Quelques sites d'informations*
  www.gamespot.fr, www.jeuxvideo.com, www.overgame.com,
  www.quakeworld.com
  www.gamespy, lfjr.club-internet.fr, http://games.yahoo.com,
  www.gamecitizen.com

- *Quelques éditeurs de jeux*
  www.ea.com, www.microsoft.com, www.ubisoft.com, www.cryo-networks,
  www.infogrames, www.redstorm.com, www.vivendi.com, www.sierra.com

- *Utilitaires gratuits transmettant la voix*
  Game Voice Share : www.gamevoice.com
  Roger Wilco : www.rogerwilco.com

- *Pour réaliser un réseau local*
  http://fighter.connexion.free.fr/reseau.htm

- *Logiciels « proxy » à télécharger*

  http://www.proxyplus.cz/.

- *Nouvelles consoles en réseau*

  X-box (Microsoft) : www.xbox.com

  PS2 (Sony) : www.playstation2.com

  GBA et GameCube (Nintendo) : www.nintendo.com

  L600 (Indrema) : www.indrema.com, www.sourceforge.net

  Dreamcast (Sega) : www.dreamcast.com (fabrication arrêtée).

Printed in Great Britain
by Amazon

43066557R00063